改訂版

英会話超リアルパターン500+

パターンを知れば英語は話せる!

イ・グァンス　イ・スギョン

コスモピア

はじめに

＋ 「英語のパターン」を勉強するのがなぜいいのか

英語のネイティブスピーカーの前に立つと、つい頭の中が真っ白になり、ひたすら縮こまってしまう。簡単なフレーズでも、いざ話そうとすると単語は思いつくのに文章が作れず、口を開くことさえできない。しかも、こちらをじっと見ながら待っている相手を意識しだしたら、ますます縮こまって小さくなるのみ。結局、またいつものように単語をいくつか並べてしまうだけの自分が悲しい…。

Sounds familiar, doesn't it?（よくある話ですよね？）

このような場合、「英語のパターン」を知っているとしゃべりやすくなります。どのような状況でも使えるパターンを覚えておけば、状況に応じて単語を変えるだけで自分の言いたいことが言えるようになるのです。特に英会話の初心者には「英語のパターン」を学ぶことは、この上なく簡単で効率的な会話学習法です。

＋ ネイティブがよく使うリアルパターン

この本は、韓国の伝統的な学習法を通じて英語を習い、カナダに移住してから 15 年目になる父親と、カナダで英語を習得したバイリンガルの娘が一緒に書いたものです。親子で知恵を寄せ合い、ネイティブたちが日常会話で実際によく使っている英語の「必須パターン」を絞りに絞って 200 個にまとめました。さらに、シチュエーションに合わせてもっと自由自在にパターンを使えるように、「必須パターン」に使い方の似ている「類似パターン」を約 300 個加えてあります。

リアル&生のパターンが頭の中にグイグイ入る

この本を書いている間、「どうすれば読者のみなさんが、より簡単に楽しく英語を勉強できるかな？」「どうすれば読者の頭の中に英語のパターンがグイグイ入るかな？」ということをずっと考えていました。

例文や会話文がおもしろくないと勉強していてもつまらないですし、記憶にも残りません。ですから、特に会話文を作るときは「どうすれば文章がもっと生々しくてリアルになるか」ということを意識しながら、口に出してみたり、ときにはお芝居までしながらひとつひとつ作っていきました。

このようにして誕生した500個の「英語のパターン」が、英会話の学習をしている読者のみなさんがネイティブスピーカーと英語で会話する際の頼もしい味方になることを願っています。最後に、この本の出版にあたりご尽力いただいたネクサス出版社をはじめ、多くの方々に感謝いたします。

イ・グァンス、イ・スギョン

＊本書は、韓国にて NEXUS（ネクサス）社より刊行された *English Pattern 500+* を、コスモピア株式会社が日本国内向けに、一部を修正・変更して刊行したものです。

本書の構成と使い方

パターントレーニング編 & 復習問題1000本ノック編

この本は大きく「パターントレーニング編」と「復習問題 1000 本ノック編」に分かれています。

パターントレーニング編	優先順位によって 4 つの PART に分け、さらに 28 の Unit に分けてパターンを学習します。トータル 200 の必須パターンに加え、使い方の似ている「類似パターン」約 300 を掲載してあります。
復習問題1000本ノック編	パターントレーニング編で学習した内容をきちんと理解できたか確認する練習問題です。1 つのパターンに対し 5 問ずつ練習問題があります。

+ パターントレーニング編

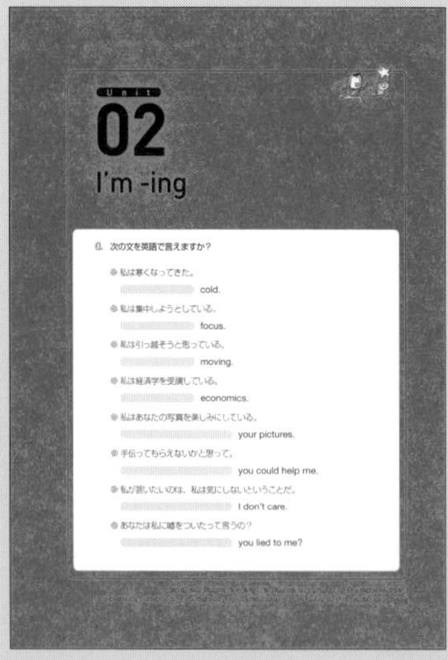

Unit
02
I'm -ing

Q. 次の文を英語で言えますか?

私は寒くなってきた。
cold.
私は集中しようとしている。
focus.
私は引っ越そうと思っている。
moving.
私は経済学を受講している。
economics.
私はあなたの写真を楽しみにしている。
your pictures.
手伝ってもらえないかと思って。
you could help me.
私が言いたいのは、私は気にしないということだ。
I don't care.
あなたは私に嘘をついたって言うの?
you lied to me?

知っているパターンを確認する

まず、各 Unit の最初のページで日常生活でよく使う文を英語で言ってみます。英語で言うことができれば、あなたはすでにそのパターンを知っていて、それを活用して状況に応じて必要な言葉を使えることでしょう。まず「知っているパターン」を確認してから、「知らないパターン」をゆっくり勉強していきましょう。

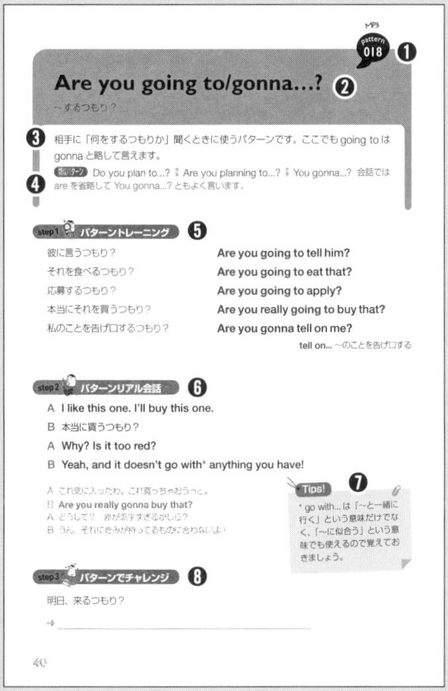

MP3

pattern 018 ❶

Are you going to/gonna...? ❷

〜するつもり？

❸ 相手に「何をするつもりか」聞くときに使うパターンです。ここでも going to は gonna と略して言えます。

❹ 類似パターン Do you plan to...? ‖ Are you planning to...? ‖ You gonna...? 会話では are を省略して You gonna...? ともよく言います。

step1 パターントレーニング ❺

彼に言うつもり？	Are you going to tell him?
それを食べるつもり？	Are you going to eat that?
応募するつもり？	Are you going to apply?
本当にそれを買うつもり？	Are you really going to buy that?
私のことを告げ口するつもり？	Are you gonna tell on me?

tell on... 〜のことを告げ口する

step2 パターンリアル会話 ❻

A I like this one. I'll buy this one.
B 本当に買うつもり？
A Why? Is it too red?
B Yeah, and it doesn't go with* anything you have!

A これ気に入ったわ。これ買っちゃおうっと。
B Are you really gonna buy that?
A どうして？ 赤が派手すぎるかしら？
B うん、それにきみが持ってるものに合わないよ！

Tips! ❼
* go with... は「〜と一緒に行く」という意味だけでなく、「〜に似合う」という意味でも使えるので覚えておきましょう。

step3 パターンでチャレンジ ❽

明日、来るつもり？

➜ ______

40

3step パターン学習

続いて各ページのパターン学習の構成についてみてみましょう。

❶ 各パターンの番号です。Pattern001 から 200 まであります。音声データの番号も同じなので該当するパターンを聞いてみましょう。

❷ このページで学ぶパターンです。(　) で示されているものは省略できる語です。/ で示されているものはどちらかを使えるという意味です。例えば、I've got to/gotta... は I've got to... か I've gotta... となります。

❸ そのパターンがどんな状況で、どんなニュアンスで使えるのかの説明です。また、パターンの後ろには主語が続くのか、名詞が続くのかなども説明してあります。

❹ 200 個の「必須パターン」と使い方が似ているパターンを「類似パターン」として整理してあります。ニュアンスや使い方に差がある場合は説明を加えてあります。類似パターンまで知っておくと表現力がさらに豊かになります。

❺ **step 1　パターントレーニング**　4〜5 つの例文でパターンの使い方を覚えます。本格的なパターントレーニングの第 1 段階です。日常生活でよく使う例文を厳選して覚えておけば、そのまま使えます。復習する場合は右側の英語の例文を隠して、左側の日本語の意味だけをみて英語で言ってみましょう。

❻ **step 2　パターンリアル会話**　会話を通じて、パターンがどんな状況で使われるのかを確認します。まずは、英語による会話の日本語で書いてある部分をパターンを使って英語で言ってみましょう。それが終わったら下にある会話の日本語訳を見ながら英語で話す練習をしてみましょう。多くのパターンを知っていても、どんなときに使うのかを知らなくては話せません。したがって、ここではどんな状況でどのようなニュアンスで使われるのかを把握することが重要です。

❼ **Tips!**　パターンリアル会話に登場した中で、よく使う表現を選んで説明しました。会話表現なのでなじみがないものもあるかもしれませんが、ネイティブがよく使う表現なので覚えておきましょう。

❽ **step 3　パターンでチャレンジ**　step 1 と step2 で学んだパターンを活用して、英語で言ってみましょう。カッコの中にある語句はヒントです。正解は 282 ページ〜にあります。

＋復習問題 1000 本ノック編

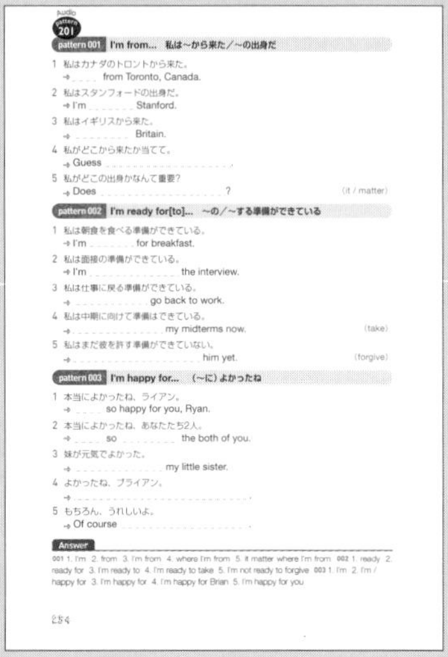
Audio pattern 201

pattern 001 I'm from... 私は～から来た／～の出身だ

1 私はカナダのトロントから来た。
→ ____ from Toronto, Canada.
2 私はスタンフォードの出身だ。
→ I'm ______ Stanford.
3 私はイギリスから来た。
→ ________ Britain.
4 私がどこから来たか当てて。
→ Guess ____________.
5 私がどこの出身かなんて重要?
→ Does ____________? (it / matter)

pattern 002 I'm ready for[to]... ～の／～する準備ができている

1 私は朝食を食べる準備ができている。
→ I'm ______ for breakfast.
2 私は面接の準備ができている。
→ I'm ____________ the interview.
3 私は仕事に戻る準備ができている。
→ __________ go back to work.
4 私は中期に向けて準備はできている。
→ ____________ my midterms now. (take)
5 私はまだ彼を許す準備ができていない。
→ ________________ him yet. (forgive)

pattern 003 I'm happy for... (～に)よかったね

1 本当によかったね、ライアン。
→ ____ so happy for you, Ryan.
2 本当によかったね、あなたたち2人。
→ ____ so ________ the both of you.
3 妹が元気でよかった。
→ ____________ my little sister.
4 よかったね、ブライアン。
→ ____________________.
5 もちろん、うれしいよ。
→ Of course ______________.

Answer

001 1. I'm 2. from 3. I'm from 4. where I'm from 5. it matter where I'm from 002 1. ready 2. ready for 3. I'm ready to 4. I'm ready to take 5. I'm not ready to forgive 003 1. I'm 2. I'm / happy for 3. I'm happy for 4. I'm happy for Brian 5. I'm happy for you

254

この本は「パターントレーニング編」と「復習問題編」で構成されています。「パターントレーニング編」を学習してから「復習問題編」の練習問題を解いて実力を確認します。1つのパターンに対して5問ずつ練習問題があります。空所に入る言葉を入れてみましょう。動詞の形を変えなければならない問題もあります。復習問題の正解はページの下部にあります。また、音声は解答入りの英文を読み上げます。

音声を聞くには？

音声をスマートフォンや PC で、簡単に
聞くことができます。

方法 1 スマホで聞く場合

面倒な手続きなしにストリーミング再生で聞くことができます。

※ストリーミング再生になりますので、通信制限などにご注意ください。
また、インターネット環境がない状況でのオフライン再生はできません。

このサイトにアクセスするだけ！

https://on.soundcloud.com/ntdh1

1. 上記サイトに **アクセス！**
2. アプリを使う場合は SoundCloud に アカウント登録（無料）

方法 2 パソコンで音声ダウンロードする場合

パソコンで mp3 音声をダウンロードして、スマホなどに取り込むことも可能です。

（スマホなどへの取り込み方法はデバイスによって異なります）

1. 下記のサイトにアクセス

https://www.cosmopier.com/
download/4864542050

2. 中央のボタンをクリックする

音声は PC の一括ダウンロード用圧縮ファイル（ZIP 形式）でご提供します。
解凍してお使いください。

もくじ

＋パターントレーニング編

PART 1　起きてから寝るまで　とにかく使う基本パターン

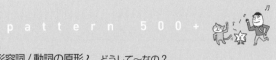

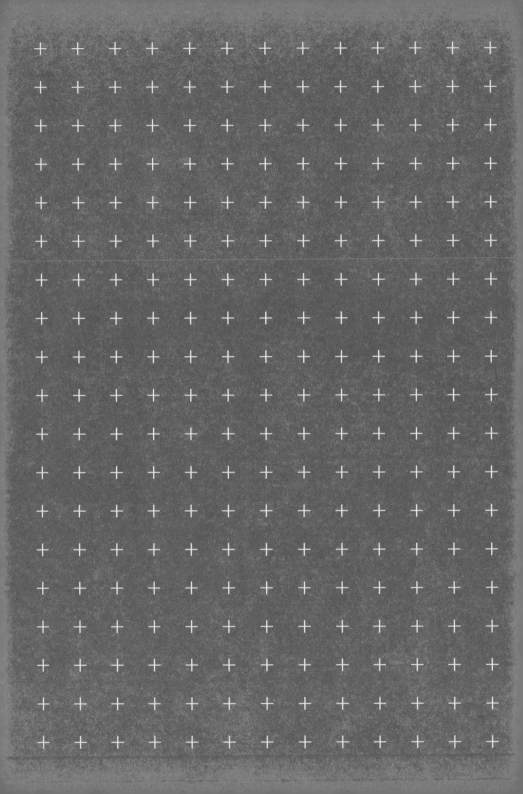

パターントレーニング編

「英語のパターン」が優先順位別に4つのPARTと28のUnitに分類してあります。全部で200の「必須パターン」に加えて、使い方が似ている「類似パターン」約300も掲載してあります。

PART 1

起きてから寝るまで
とにかく使う基本パターン

pattern 500+

Unit

01

I'm...

Q. 次の文を英語で言えますか？

- 私は東京の出身だ。
  ＿＿＿＿＿＿ Tokyo.
- 私はプレゼンをする準備ができている。
  ＿＿＿＿＿＿ do my presentation.
- よかったね！
  ＿＿＿＿＿＿ you!
- 私は父のことが心配だ。
  ＿＿＿＿＿＿ my father.
- 私はパソコンを使っているところだ。
  ＿＿＿＿＿＿ the computer.
- 私はここにあなたを手伝いに来た。
  ＿＿＿＿＿＿ help you.
- 残念ながら彼は行ってしまった。
  ＿＿＿＿＿＿ he's gone.

解答　I'm from / I'm ready to / I'm happy for / I'm worried about / I'm on / I'm here to / I'm afraid (that)

MP3 001

I'm from...

私は〜から来た / 〜の出身だ

「〜から来た」「地元は〜だ」「〜の出身だ」と言うときは be 動詞を使うと簡単に解決できます。I'm from の後ろに場所を付けるだけでオーケーです。

類似パターン I come/came from ＋場所 ‖ I graduated from ＋学校

step1 パターントレーニング

私は日本から来た。 **I'm from Japan.**

私は東京の出身だ。 **I'm from Tokyo.**

私はニューヨークの出身だ。 **I'm from New York.**

私はハーバードの出身だ。 **I'm from Harvard.**

私はサービス・センターから来ました。 **I'm from the service center.**

step2 パターンリアル会話

A **Brian, are you from the U.S.?**

B **No.** 僕はカナダの出身だよ。

A **Oh, really? My friend is studying in Toronto.**

B **Really?** 僕はトロントの出身なんだよ！

A ブライアン、あなたアメリカの出身？
B いや。**I'm from Canada.**
A え、そうなの？　私の友だちはトロントで勉強しているの。
B 本当に？　**I'm from Toronto!**

step3 パターンでチャレンジ

私は地方の出身だ。

⇒ ______________________ (the country)

Audio pattern 002

I'm ready for/to...

～の／～する準備ができている

「私は準備ができている」は英語で I'm ready と言います。準備ができている対象を追加するときは、後ろに「for +名詞」や「to +動詞の原形」を使います。

類似パターン I'm prepared for/to...

step1 パターントレーニング

私は夕食を食べる準備ができている。	**I'm ready for dinner.**
私は寝る準備ができている。	**I'm ready for bed.**
私は写真を撮ってもらう準備ができている。	**I'm ready for the photo shoot.**
私は試験を受ける準備ができている。	**I'm ready to take the test.**
私は最初からやり直す準備ができている。	**I'm ready to start over.**

step2 パターンリアル会話

A さあ、写真を撮ってもらう準備オーケーよ。

B You sure* spent a lot of time on your make-up!

A Of course! I have to look perfect.

B You always do!

A **I'm ready for the photo shoot now.**
B そりゃそうだろうよ、メイクにそれだけ時間かけてりゃさ！
A 当然じゃない！　完ぺきに見えなくちゃね。
B きみはいつだって完ぺきだよ！

Tips!

* 主語と動詞の間に sure を使うと強調する意味になります。You spent... といえば「あなたは～を使った」という意味ですが、You sure spent... といえば「あなたは本当に～を使った」という意味になります。

step3 パターンでチャレンジ

私は出発する準備ができている。

⇒ ________________________________ (leave)

Audio pattern 003

I'm happy for...

(～に) よかったね

誰かにいいことがあったとき、その人に対して「よかったね」と言いますね。これを英語では「be happy for ＋人」のパターンを使って表現します。

類似パターン I feel happy for... ‖ I'm glad for...

step1 パターントレーニング

(相手に) よかったね。	**I'm happy for** you.
本当によかったね、お母さん！	**I'm** so **happy for** you, Mom!
よかったね、あいつら。	**I'm happy for** them.
よかったね、ジム。	**I'm happy for** Jim.
よかったね。	**I'm happy for** myself.

step2 パターンリアル会話

A Did you hear?
Sara and Mike are going out*!

B Really? I knew they liked each other!

A Yeah! Mike finally asked her out*!

B Wow. そいつはめでたいじゃないか！

A 聞いた？ サラとマイクが付き合ってるんだって！
B マジで？ 両想いなのは知ってたけどさ。
A そうなの！ マイクがついに彼女に告白したのよ！
B へえ。**I'm so happy for them!**

Tips!

* go out は「外に出かける」という意味だけでなく、「男女が付き合う」という意味でもよく使います。

* ask ... out といえば「デートを申し込む」「付き合おうとする」という意味です。

step3 パターンでチャレンジ

よかったね、サオリ！

⇒ ____________________

Audio pattern 004

I'm worried about...

～が心配だ

このパターンでは worried が形容詞で「～が心配だ」という意味で使われています。後ろに「about ＋心配事」を使えば「～のため心配になる」という意味になります。about の後ろには名詞が続きます。「～することに対して心配になる」というときは「動詞＋ ing 形」を使います。

類似パターン I feel worried about... ‖ I'm concerned about...

step1 パターントレーニング

弟のことが心配だ。 **I'm worried about my brother.**

彼がゲームに熱中し過ぎなのが心配だ。 **I'm worried about his gaming habits.**

通信簿が心配だ。 **I'm worried about my report card.**

面接が心配だ。 **I'm worried about my interview.**

ミスをするのが心配だ。 **I'm worried about making a mistake.**

step2 パターンリアル会話

A **Why are you so nervous?**

B 明日のデートのことが心配なんだ。

A **Yeah, I feel you.* Good luck tomorrow!**

B **Thanks.**

Tips!

* I feel you. は会話表現で「あなたの気持ちがわかる」という意味です。

A なんでそんなにソワソワしてるの？
B **I'm worried about the date tomorrow.**
A わかるよ。明日、がんばって！
B ありがとう。

step3 パターンでチャレンジ

今学期の成績が心配だ。

⇒ ________________________ (my grades | this semester)

Audio pattern 005

I'm on...

～しているところだ

「～しているところだ」と言う場合、進行形である -ing を使わず、on という単語1つで非常に簡単に表現することができます。電話やパソコンをしているところだと言うとき、薬を服用しているとき、ダイエット中やデートの真っ最中など、いろいろと使えます。

類似パターン パソコンや電話には I'm using... ‖ 薬には I'm taking...

step1 パターントレーニング

私は今、電話中だ。	**I'm on the phone right now.**
私は今、パソコンを使用中だ。	**I'm on the computer.**
私は今、風邪薬を服用中だ。	**I'm on cold medicine.**
私は今、ダイエット中だ。	**I'm on a diet.**
私は今、デート中だ。	**I'm on a date right now.**

step2 パターンリアル会話

A Chris!

B What, Mom?

A Come here for a minute.

B I can't! 今、電話中！

A クリス！
B 何、お母さん？
A ちょっと、いらっしゃい。
B ムリ！ **I'm on the phone right now.**

step3 パターンでチャレンジ

今、ブラインドデート中なの。

⇒ ______________________________ (blind date)

Audio pattern 006

I'm here for/to...

～のために来た / ～しに来た

I'm here. は「私はここにいる」という意味です。その後ろに「なぜここにいるのか」を説明すると「ここに来ました」という意味に変わります。「～のためにここに来た」というときは I'm here の後ろに「for ＋名詞」を使います。「～しにここに来た」というときは「to ＋動詞の原形」を使います。

類似パターン I came here for/to...

step 1 パターントレーニング

ここには兄に会いに来た。 **I'm here for my brother.**

ここには仕事のために来た。 **I'm here for my business.**

ここには就職の面接のために来た。 **I'm here for the job interview.**

ここには部長に会いに来た。 **I'm here to see the manager.**

ここにはあなたの手伝いをしに来た。 **I'm here to help you.**

step 2 パターンリアル会話

A **Hello.** 就職の面接にまいりました。

B **Are you here for the 2 o'clock interview?**

A **Yes. That's right.**

B **That hallway.**
First door on your right.

A こんにちは。**I'm here for the job interview.**
B 2時からの面接でいらっしゃいますか？
A はい、そうです。
B あちらの廊下です。右手の最初の部屋です。

step 3 パターンでチャレンジ

ジョーンズさんに会いにここに来ました。

⇒ ＿＿＿＿＿＿＿＿＿＿＿＿＿＿＿＿＿＿＿＿ (see)

Audio pattern 007

I'm afraid (that)...

残念ながら～です / ～のようですね

相手に言いにくいことを言うとき、ストレートな言い方よりは I'm afraid を前に付けると柔らかく、洗練された表現になります。

類似パターン I'm sorry, but...

step1 パターントレーニング

残念ながらあなたは遅刻です。	**I'm afraid you're late.**
残念ながらお手伝いできません。	**I'm afraid I can't help you.**
残念ながら行くことができません。	**I'm afraid I can't come.**
残念ながらそれは無理のようです。	**I'm afraid that won't be possible.**
残念ながらあなたはこの講義は落第です。	**I'm afraid you failed this course.**

step2 パターンリアル会話

A **Hey, you're coming to my party this weekend, right?**

B 残念だけど行けないんだ。

A **Aww*... Why not?**

B **I have a report to write.**
It's due* on Monday.

A ねえ、今度の週末、パーティーに来てくれるよね？
B **I'm afraid I can't come.**
A ううう…なんで？
B レポートを書かなきゃならなくて。
締め切りが月曜日なんだよ。

Tips!

* Aww は他の人がしたことに感動したり、反対にものたりなく感じたりするときに使う感嘆詞で、特に女性や子どもが会話で非常によく使います。

* 課題の提出日を表現するときにネイティブが特によく使う表現が「It's due on ＋曜日 / 日付」です（提出日は due date と言います）。

step3 パターンでチャレンジ

残念ながら僕たちの負けだ。

⇒ ______________________________ (lost)

Unit
02
I'm -ing

Q. 次の文を英語で言えますか？

- 私は寒くなってきた。

  ________ cold.

- 私は集中しようとしている。

  ________ focus.

- 私は引っ越そうと思っている。

  ________ moving.

- 私は経済学を受講している。

  ________ economics.

- 私はあなたの写真を楽しみにしている。

  ________ your pictures.

- 手伝ってもらえないかと思って。

  ________ you could help me.

- 私が言いたいのは、私は気にしないということだ。

  ________ I don't care.

- あなたは私に嘘をついたって言うの？

  ________ you lied to me?

解答 I'm getting / I'm trying to / I'm thinking of / I'm taking / I'm looking forward to / I was wondering if / What I'm saying is / Are you telling me (that)

Audio pattern 008

I'm getting...

どんどん〜になる

「〜になる」というとbecomeを使うと考えがちですが、ネイティブはgetをよく使います。「私はどんどん〜になっていく」と言うときはI'm gettingの後ろに形容詞を付けます。

類似パターン I'm becoming...

step1 パターントレーニング

私は寒くなってきた。 **I'm getting cold.**

私は最近太ってきた。 **I'm getting fat these days.**

私はこのところやせてきた。 **I'm getting thinner.**

私は具合がよくなってきた。 **I'm getting better.**

私はなんだかどんどん怠け者になっている。 **I'm getting lazy for some reason.**

step2 パターンリアル会話

A このところ太ってきちゃってさ。

B **You look the same to me.**

A **Look at my waist. I have love handles*!**

B **It's okay. It's barely noticeable.**

A **I'm getting fat these days.**
B 見たところ変わりないみたいだけど。
A ほら、このお腹。ぜい肉がついちゃってるの！
B 大丈夫だよ。ほとんど目立たないから。

Tips!

* love handlesは腰についた「ぜい肉」を意味する会話表現です。ちなみに、ズボンのお腹のところにぜい肉が突き出ているのをmuffin topと言います。まるでマフィンの上の部分みたいに見えることからできた表現です。

step3 パターンでチャレンジ

眠くなってきた。

⇒ ______________________ (sleepy)

Audio pattern 009

I'm trying to...

私は～しようとしている

目標に向かって努力しているときや何かに熱中しているときに使うパターンが I'm trying to... です。後ろには動詞の原形を使います。

類似パターン I'm doing my best to... 本当に熱心にしているときにはこのように表現することもできます。

step1 パターントレーニング

私はイタリア語を身につけようとしている。	**I'm trying to** learn Italian.
私は英語のスピーキングを練習しようとしている。	**I'm trying to** practice English speaking.
私はやせようとしている。	**I'm trying to** lose weight.
私はあなたのことを理解しようとしている。	**I'm trying to** understand you.
私はもっとほほ笑もうとしている。	**I'm trying to** smile more.

step2 パターンリアル会話

A You guys!

B Yeah?

A Can you keep it down*?
映画を見ようとしてるんだから。

B Oh, sorry. We'll be quiet.

A ちょっとアンタたち！
B うん？
A 静かにしてくれない？ **I'm trying to watch a movie.**
B ああ、ごめん。静かにするよ。

Tips!
* keep it down は「静かにする」という意味です。声を静かにしたままでいることを意味します。

step3 パターンでチャレンジ

私は毎日、復習しようとしている。

⇨ ________________________________ (review)

Audio pattern 010

I'm thinking of...

~しようと思っている

決定ができず、どうしようと悩んでいるときにぴったりなパターンです。I'm thinking of +動詞の ing 形のかたちで使います。

類似パターン I'm considering... この場合、後ろに前置詞なしにすぐ動詞の ing 形が続くことに気をつけましょう。たとえば、下の最初の例文は I'm considering quitting my job. となります。

step1 パターントレーニング

仕事を辞めようと思っている。	**I'm thinking of quitting my job.**
彼と別れようと思っている。	**I'm thinking of breaking up with him.**
髪型を変えようと思っている。	**I'm thinking of changing my hairstyle.**
新しいノートパソコンを買おうと思っている。	**I'm thinking of buying a new laptop.**
専攻を変えようと思っている。	**I'm thinking of changing my major.**

step2 パターンリアル会話

A 彼と別れようと思ってるの。

B **Why? Is something wrong?**

A **Not really. I just don't feel attracted to him anymore.**

B **Yeah. That happens.**

A **I'm thinking of breaking up with my boyfriend.**
B なんで? 何かあったの?
A そういうわけじゃないんだけど。単純に彼にもう魅力を感じないの。
B ああ。そういうことってあるよね。

step3 パターンでチャレンジ

私はオーストラリアの大学に行こうと思っている。

⇒ ________________________________ (go to a university)

Audio pattern 011

I'm taking...

私は今～を受講している／～を受講するつもりだ

「心理学を取っている」のように受講する科目の話をするときは「I'm taking +科目」のパターンを使います。I'm -ing は未来の計画を話すときにも使われます。「現在取っている」という意味なのか、「これから取るつもり」なのかは状況で判断します。

類似パターン I'm going to take...「～を受講するつもりだ」はこのように言い換えられます。

step1 パターントレーニング

私は心理学を受講している。	**I'm taking** psychology.
私は経済学を受講中だ。	**I'm taking** economics right now.
私はアメリカ文学を受講していない。	**I'm** not **taking** American literature.
私は来学期、社会学を受講するつもりだ。	**I'm taking** sociology next semester.
私はリー教授の化学のクラスを受講している。	**I'm taking** Prof. Lee's chemistry class.

step2 パターンリアル会話

A Are you taking business administration this semester?

B No. 来学期、受講するつもり。

A Do you know anyone who's taken Professor Smith's class?

B Yeah, Hitomi did.
She said he's really easy.*

A 今学期は経営学の講義を受講しているの？
B いや。**I'm taking it next semester.**
A 誰かスミス教授の講義を取ってた人知ってる？
B うん、ヒトミが受講してたよ。すごく楽勝の先生だって言ってた。

Tips!
* 先生に対して easy と言うと、「点数の甘い」という意味になります。

step3 パターンでチャレンジ

私はベティと一緒に世界史の講義を受講している。

⇒ ________________________________ (world history)

Audio pattern 012

I'm looking forward to...

～が楽しみだ

本当に楽しみなことがあるときは I'm looking forward to... のパターンを使います。to の後ろには名詞や動詞の ing 形がくるので、to があるからといって動詞の原形を使わないように気をつけましょう。

類似パターン I can't wait to＋動詞の原形 ‖ I can't wait for＋名詞(または until＋動詞)

step1 パターントレーニング

今度の週末が楽しみだ。 **I'm looking forward to this weekend.**

パーティーが楽しみだ。 **I'm looking forward to the party.**

ブラインドデートが楽しみだ。 **I'm looking forward to my blind date.**

ガールフレンドに会えるのが楽しみだ。 **I'm looking forward to seeing my girlfriend.**

お目にかかれるのを楽しみにしています。 **I'm looking forward to meeting you in person.**

step2 パターンリアル会話

A 今週末が楽しみだな。

B **What are you doing?**

A **I'm going to see my girlfriend.**

B **Oh, right! You guys are in a long distance relationship, right?**

A **I'm looking forward to this weekend.**
B 何するの？
A ガールフレンドに会いに行くんだ。
B ああ、そう！ たしか遠距離恋愛だったよね。

step3 パターンでチャレンジ

誕生日が楽しみだ。

⇨ ____________________

Audio pattern 013

I was wondering if…

〜してもらえないかと思って

「手伝ってくれませんか？」と言う代わりに「手伝ってもらえないかと思って」とやわらかく言うパターンです。ていねいな表現なので、頼むときや許可をもらうときに使うといいでしょう。

類似パターン I would like to know if… ‖ Could you…? 〜してもらえますか？

step1 パターントレーニング

あとで戻って来れるかと思って。	**I was wondering if I could come back later.**
手伝ってもらえないかと思って。	**I was wondering if you could help me.**
休憩させてもらえないかと思って。	**I was wondering if I could have a break.**
これを校正してもらえないかと思って。	**I was wondering if you could proofread this.**
答えを教えてもらえないかと思って。	**I was wondering if you could tell me the answer.**

proofread 校正する

step2 パターンリアル会話

A **Uh, professor, I would like to ask you something.**

B **Sure. What is it?**

A 締め切りを延ばしていただけませんか。

B **Hm… I don't know. I'll have to think about it.**

A 教授、お願いがあるのですが。
B いいとも。何かね？
A **I was wondering if you could give me an extension.***
B うーむ…そうだなあ。考えてみないといかんね。

Tips!
* extension は期間に対する「延長」という意味です。課題について言うときなどによく使います。

step3 パターンでチャレンジ

きみの講義のノートを見せてもらえないかと思って。

⇒ ______________________________ (see | (lecture) notes)

Audio pattern 014

What I'm saying is...

私が言いたいのは～ということだ / つまり～だ

「私が言いたいのは～」と言いたいときはWhat I'm sayingではじめます。What I'm saying isの後ろに「主語+動詞」を使うと「私が言いたいのは～ということだ」という意味になります。

類似パターン What I mean is... ‖ I'm trying to say (that)...

step1 パターントレーニング

つまり私はあなたを愛していない。 **What I'm saying is I don't love you.**

つまり私は反対だ。 **What I'm saying is I disagree.**

つまりそれは事実ではない。 **What I'm saying is it's not true.**

つまり私は申し訳なく思っている。 **What I'm saying is I'm sorry.**

つまり彼は信用できない。 **What I'm saying is he's not trustworthy.**

trustworthy 信用できる

step2 パターンリアル会話

A So? What did you want to tell me?

B Well... I'm really... You know.

A No, I don't know. What are you saying?

B うーんと…つまり…本当に悪かったってことだよ。

A それで？　私に何が言いたかったの？
B その…本当に…わかってるだろ。
A いいえ、わからないわ。いったい何を言ってるの？
B **Well... What I'm saying is... I'm really sorry.**

step3 パターンでチャレンジ

つまり私のせいではない。

⇒ ________________________ (fault)

Audio pattern 015

Are you telling me (that)...?

まさか～だって言うの？

相手の言葉にあきれて「まさか～だと言ってるの？」というニュアンスで使うパターンです。Are you telling me の後ろの that は省略してすぐに「主語＋動詞」を続けてもオーケーです。

類似パターン Are you saying (that)...?

step1 パターントレーニング

まさか知らないって言うの？	**Are you telling me you don't know?**
まさかそのことを聞いてないって言うの？	**Are you telling me you didn't hear that?**
まさかきみはやってないって言うの？	**Are you telling me you didn't do it?**
まさか忘れたって言うの？	**Are you telling me you forgot?**
まさか彼女がすっぽかしたって言うの？	**Are you telling me she stood you up?**

stand ... up ～に待ちぼうけをくわせる

step2 パターンリアル会話

A **How was your date?**

B **She didn't show up.*** **I waited for two hours!**

A **Wait,** まさか、彼女がすっぽかしたって言うの？

B **Yeah, I guess so!**

Tips!
* show up は約束した場所に「現れる」という意味で、とてもよく使う表現です。

A デートはどうだった？
B 彼女、来なかったんだ。2時間も待ったのに！
A ちょっと待って、**are you telling me she stood you up?**
B ああ、そのようだね！

step3 パターンでチャレンジ

まさか、まだそのことが理解できないって言うの？

⇒ ________________________________ (still | get it)

Unit

03

I'm going to...

Q. 次の文を英語で言えますか？

- 彼のことを許すつもりだ。

  ＿＿＿＿＿＿ forgive him.

- 誰にも言わないつもりだ。

  ＿＿＿＿＿＿ tell anyone.

- きみはそれを買うつもり？

  ＿＿＿＿＿＿ buy that?

- きみは僕に教えないつもり？

  ＿＿＿＿＿＿ tell me?

- 出かけようとしていたところだ。

  ＿＿＿＿＿＿ leave.

- そんなつもりじゃなかったのに笑ってしまった。

  ＿＿＿＿＿＿ I laughed.

- 私は勝てそうだと思う。

  ＿＿＿＿＿＿ win.

- 私は A が取れそうだとは思わない。

  ＿＿＿＿＿＿ get an A.

解答　I'm going to / I'm not going to / Are you going to / Aren't you going to / I was just going to / I wasn't going to, but / I think I'm going to / I don't think I'm going to

Audio pattern 016

I'm going to/gonna...

～するつもりだ

「私は～するつもりだ」と、これからの計画について話すときに使うパターンです。会話では going to を gonna と略して言うことが多いです。

類似パターン I plan to... ‖ I'm planning to...

step1 パターントレーニング

新しいノートパソコンを買うつもりだ。 **I'm going to get a new laptop.**

彼のことを許すつもりだ。 **I'm going to forgive him.**

今からシャワーを浴びるつもりだ。 **I'm going to take a shower now.**

今夜は外食するつもりだ。 **I'm going to eat out tonight.**

彼女に自分の気持ちを伝えるつもりだ。 **I'm going to tell her how I feel.**

step2 パターンリアル会話

A I've finally made up my mind.*

B To do what?

A 彼女に自分の気持ちを伝えるつもりだ。
彼女のことを好きだと伝えるつもりなんだ。

A ついに決心したよ。
B 何を？
A **I'm going to tell her how I feel.**
I'm going to tell her I love her.

Tips!
* make up one's mind はあることに対して「決心する」「思い立つ」という意味です。

step3 パターンでチャレンジ

徹夜するつもりだ。

⇒ ______________________ (stay up all night)

Audio pattern 017

I'm not going to/gonna...

～しないつもりだ / ～する考えはない

「～をしないつもりだ」と言うときに使うパターンです。I'm not going to も I'm not gonna と略して言えます。

類似パターン I don't plan to... ‖ I'm not planning to...

step 1 パターントレーニング

何もしないつもりだ。	**I'm not going to** do anything.
誰にも言わないつもりだ。	**I'm not going to** tell anyone.
今回はきみを許さないつもりだ。	**I'm not going to** forgive you this time.
彼に謝らないつもりだ。	**I'm not going to** apologize to him.
今夜は外出しないつもりだ。	**I'm not going to** go out tonight.

step 2 パターンリアル会話

A We're meeting at 7, ok? 7 o'clock!

B I know, I know! Sheesh*!

A If you're late again this time, 待たないつもりだからね！

B Okay. I'll be there at 7 o'clock sharp.

A 待ち合わせは７時よ、いい？　７時だからね！
B わかってる、わかってるって！　チッ！
A 今度また遅れたら、**I'm not going to wait for you!**
B わかったよ。７時ピッタリに行くよ。

Tips!

* Sheesh! は相手の言葉にイライラして「ちぇっ」といったニュアンスで使う感嘆詞です。びっくりしたときにも使います。似ている意味の感嘆詞に Geez! もあります。

step 3 パターンでチャレンジ

明日は何もしないつもりだ。ただ休むつもりだ。

⇒ ______________________________ (rest)

Audio pattern 018

Are you going to/gonna...?

～するつもり？

相手に「(その行為を) するつもりか」聞くときに使うパターンです。ここでも going to は gonna と略して言えます。

類似パターン Do you plan to...? ‖ Are you planning to...? ‖ You gonna...? 会話では are を省略して You gonna...? ともよく言います。

step 1 パターントレーニング

彼に言うつもり？	**Are you going to tell him?**
それを食べるつもり？	**Are you going to eat that?**
応募するつもり？	**Are you going to apply?**
本当にそれを買うつもり？	**Are you really going to buy that?**
私のことを告げ口するつもり？	**Are you gonna tell on me?**

tell on... ～のことを告げ口する

step 2 パターンリアル会話

A **I like this one. I'll buy this one.**

B 本当に買うつもり？

A **Why? Is it too red?**

B **Yeah, and it doesn't go with* anything you have!**

A これ気に入ったわ。これ買っちゃおうっと。
B **Are you really gonna buy that?**
A どうして？　赤が派手すぎるかしら？
B うん、それにきみが持ってるものに合わないよ！

Tips!
* go with... は「～と一緒に行く」という意味だけでなく、「～に似合う」という意味でも使えるので覚えておきましょう。

step 3 パターンでチャレンジ

明日、来るつもり？

⇒ ________________________________

Audio pattern 019

Aren't you going to/gonna...?

〜しないつもり？

相手に対して、当たり前にやるべきことや、するつもりだと思っていたことについて「あなた〜しないつもり？」とたずねるときに使うパターンです。

類似パターン You're not going to/gonna...? 会話では「主語＋動詞」の語順でもよく使います。

step1 パターントレーニング

彼に本当のことを言わないつもり？	**Aren't you going to tell him the truth?**
外出しないつもり？	**Aren't you going to go outside?**
僕たちと一緒に来ないつもり？	**Aren't you going to come with us?**
これをメモしておかないつもり？	**Aren't you going to write this down?**
その仕事に応募しないつもり？	**Aren't you gonna apply for the job?**

step2 パターンリアル会話

A **I heard you got a job offer. Congrats*!**

B **Thanks.**

A **You don't look too excited.**
引き受けないつもりなの？

B **I'm not sure yet.**

Tips!
* Congrats はCongratulationsの略語です。ネイティブはお祝いのあいさつをするとき、このようにCongrats! とよく言います。

A 仕事のオファーがあったって聞いたわよ。おめでとう！
B ありがとう。
A あまりうれしそうじゃないみたいね。**Aren't you going to accept it?**
B まだわからないんだ。

step3 パターンでチャレンジ

電話に出ないつもり？

⇒ ______________________ (answer the phone)

Audio pattern 020

I was just going to/gonna...

～しようとしていたところだ

自分が言おうとしていたことを相手が先に言ってしまったとき、「ちょうどそれを言おうとしたところだった」という場合や、または「何してる？」という質問を受けて「ちょうど出かけようとしていたところだった」という状況で使うパターンです。

類似パターン I was just about to...

step 1 パターントレーニング

きみに電話しようとしていたところだ。 **I was just going to** call you.

出かけようとしていたところだ。 **I was just going to** leave.

同じことをしようとしていたところだ。 **I was just going to** do the same thing.

そのことを言おうとしていたところだ。 **I was just gonna** say that.

きみにそのことについてメールを送ろうとしていたところだ。 **I was just gonna** email it to you.

step 2 パターンリアル会話

A Hey. What are you doing?

B Nothing in particular. I'm so bored.

A Me, too. Do you want to have a beer?

B ちょうどそう言おうとしてたんだ！ You read my mind.

A もしもし。今、何してる？
B 別に何も。すごい退屈してる。
A こっちも。ビール飲みたくない？
B **I was just going to say that!** 僕の気持ちを読んだな。

step 3 パターンでチャレンジ

会社を出ようとしていたところだ。

⇒ ______________________

Audio pattern 021

I wasn't going to/gonna, but...

そんなつもりじゃなかったのに〜

「そうするつもりじゃなかったのに…」と言うときに使うパターンです。but の後ろには「主語+動詞」が続きます。

類似パターン I didn't mean to, but... ‖ I didn't plan to, but...

step 1 パターントレーニング

そんなつもりじゃなかったのに彼に電話した。	**I wasn't going to, but** I called him.
そんなつもりじゃなかったのに泣いてしまった。	**I wasn't going to, but** I cried.
そんなつもりじゃなかったのに彼は言い張った。	**I wasn't gonna, but** he insisted.
そんなつもりじゃなかったのにどうしようもなかった。	**I wasn't gonna, but** I couldn't help it.
そんなつもりじゃなかったのに別のシャツを買ってしまった。	**I wasn't gonna, but** I bought another shirt.

step 2 パターンリアル会話

A What is this?

B I got it at the department store yesterday.

A Why? We don't even need it.

B そんなつもりはなかったんだけど、売り場の人にうまく言いくるめられちゃって。

A 何これ?
B 昨日デパートで買ったの。
A どうして? そんなもの必要ないじゃないか。
B **I wasn't going to, but the salesperson talked me into it.***

Tips!

* talk 〜 into... は「〜が…するように説得する」という意味です。たとえば、友だちに説得されて授業をサボったら、My friend talked me into skipping class. と言います。

step 3 パターンでチャレンジ

そんなつもりじゃなかったのに爆笑してしまった。

⇒ ______________________________ (burst into laughter)

Audio pattern 022

I think I'm going to/gonna...

～しそうだ / ～になりそうだ

I think... は直訳すれば「私は～だと思う」ですが、会話では「～みたいだ」という意味でよく使われます。また、I'm going to... だけでは「私は～するつもりだ」ですが、前にI think を付けると「私は～しようとする」「私は～しそうだ」という意味になります。

類似パターン I think I'll...

step 1 パターントレーニング

勝てそうだ。	**I think I'm going to win.**
吐きそうだ。	**I think I'm going to throw up.**
ベッドに一直線になりそうだ。	**I think I'm gonna head to bed.**
あきらめることになりそうだ。	**I think I'm just gonna give up.**
彼と恋に落ちることになりそうだ。	**I think I'm gonna fall in love with him.**

step 2 パターンリアル会話

A 吐きそう。

B **I knew you would say that. You drank too much!**

A **I can't take it anymore! I've got to* go to the bathroom!**

B **Want me to come with you?**

A **I think I'm gonna throw up.**
B そう言うだろうと思ってた。飲み過ぎなんだよ！
A もうガマンできない！　トイレに行かなきゃ！
B ついてきてほしい？

Tips!
* I've got to... はI have to と同じ意味で、会話でよく使う表現です。省略してI gotta とも言います。

step 3 パターンでチャレンジ

倒れそうだ。

⇨ ________________________________ (faint)

Audio pattern 023

I don't think I'm going to/gonna...

～しそうにない／～しないかもしれない

自信なさげに「どうしてもできなさそう」と言うときや、したくないことに対して「～しないかもしれない」と言うときに使うパターンです。

類似パターン I don't think I'll...

step1 パターントレーニング

勝てそうにない。 **I don't think I'm going to** win.

時間に間に合いそうにない。 **I don't think I'm gonna** make it on time.

成績でAを取れそうにない。 **I don't think I'm gonna** get an A.

今夜は出かけないかもしれない。 **I don't think I'm gonna** go out tonight.

そこでは働かないかもしれない。 **I don't think I'm gonna** work there.

step2 パターンリアル会話

A **It's hopeless!** 仕事が見つかりそうにない。

B **What happened?**

A **I screwed up* on my interview today. Again!**

B **Cheer up. Let's have a drink. It's on me.***

A 絶望的だわ！ **I don't think I'm gonna find a job.**
B どうしたの？
A 今日の面接がうまくいかなかったの。またよ！
B まあ元気出して。飲みに行こう。おごるよ。

Tips!

* screw up (on) は「事をめちゃめちゃにする」という意味です。I screwed up! と言ったり、後ろに「on+名詞」をつけて何をめちゃめちゃにしたのか具体的に言うこともできます。

* It's on me. は「私が支払う」という意味です。お店がサービスで食べ物を提供するときは It's on the house. と言います。

step3 パターンでチャレンジ

今度の週末は暇になりそうにない。

⇨ ________________________________ (be free)

Unit

04

I can't...

Q. 次の文を英語で言えますか？

- これ以上彼にはガマンできない。

  ＿＿＿＿ him anymore.

- 歌わずにはいられない。

  ＿＿＿＿ singing.

- きみが冗談を言っているのかどうかわからない。

  ＿＿＿＿ you're joking.

- 彼女が結婚しているだなんて信じられない。

  ＿＿＿＿ she's married.

- なぜきみが彼女を好きなのかわからない。

  ＿＿＿＿ you like her.

- 後でそれをしちゃダメ？

  ＿＿＿＿ do it later?

- 待ってくれない？

  ＿＿＿＿ wait?

- いつまでも彼を避けることはできないよ。

  ＿＿＿＿ avoiding him.

正解　I can't stand / I can't stop / I can't tell if / I can't believe (that) / I can't understand why / Can't I / Can't you / You can't keep

Audio pattern 024

I can't stand...

～にはガマンできない

「もうガマンできない！」を英語で言うにはI can't standの後ろにガマンできないものを付け加えます。このstandは「立っている」という意味ではなく「ガマンする」という意味を表します。「～することがガマンできない」と言うときはI can't standの後ろに動詞のing形を使います。

類似パターン I can't take...

step 1 パターントレーニング

きみのウソにはガマンできない。	**I can't stand your lies.**
この歌にはガマンできない。	**I can't stand this song.**
妹にはガマンできない。	**I can't stand my sister.**
彼の近くにいるのはガマンできない。	**I can't stand being around him.**
彼女と働くのはガマンできない。	**I can't stand working with her.**

step 2 パターンリアル会話

A **Oh! That song again?**

B **Why? It's a good song.**

A もう耐えられない！ **I hear it everywhere!**

B **Of course! It's the hottest song right now.**

A ああ！　またその歌？
B なんで？　いい歌じゃない。
A **I can't stand it anymore!** どこに行っても耳にするんだから。
B そりゃそうさ！　今、いちばんヒットしている歌だもん。

step 3 パターンでチャレンジ

きみの文句にはこれ以上ガマンできない！

⇒ ______________________________ (your nagging)

Audio pattern 025

I can’t stop -ing

～せずにはいられない

好きな人ができたら夜も昼もその人のことを思うことを「止められない」ですよね？
このように、「～することを止められない」はI can’t stop -ingのパターンを使います。

類似パターン I keep -ing

step 1 パターントレーニング

きみのことを考えずにはいられない。 **I can’t stop thinking about you.**

心配せずにはいられない。 **I can’t stop worrying.**

きみのことを愛さずにはいられない。 **I can’t stop loving you.**

泣かずにはいられない。 **I can’t stop crying.**

『プリズン・ブレイク』を見ずにはいられない。 **I can’t stop watching *Prison Break*.**

step 2 パターンリアル会話

A 彼のことを考えずにいられないの。

B **Just tell him!**

A **I can’t! What if he rejects me?**

B **At least you’ll know how he feels.**

A **I can’t stop thinking about him.**
B 彼に言っちゃえよ！
A 言えない！ 拒否されたらどうするのよ？
B 少なくとも彼の気持ちはわかるよ。

step 3 パターンでチャレンジ

ハミングせずにいられない。

⇒ ________________________________ (hum)

Audio pattern 026

I can't tell if...

~かどうかわからない

「~かどうかわからない」と言うときに使うパターンです。if の後ろには「主語+動詞」を使います。tell は通常「言う」という意味ですが、ここでは前に can't がきて「わからない」という意味になります。

類似パターン I don't know if...

step1 パターントレーニング

彼が私をだましているのかどうかわからない。	**I can't tell if** he's cheating on me.
きみが冗談を言っているのかどうかわからない。	**I can't tell if** you're joking.
彼女が僕に気があるのかどうかわからない。	**I can't tell if** she has feelings for me.
あれはお世辞だったのかどうかわからない。	**I can't tell if** that was a compliment.
きみがそれをわざとやったのかどうかわからない。	**I can't tell if** you did that on purpose.

have feelings for ... ~に気がある | on purpose わざと

step2 パターンリアル会話

A Something's not right about* my boyfriend.

B What do you mean?

A He's changed all of a sudden. He's being too nice.
でも、彼が私をだましてるのかどうかわからない。

B When did he start to change?

Tips!
* Something's not right about/with... は「~がどこか変だ」「~が何か変だ」という意味です。

A 彼が何かアヤしいの。
B どういうこと?
A いきなり変わったの。あまりにもやさしいのよ。 **But I can't tell if he's cheating on me.**
B いつから変わったの?

step3 パターンでチャレンジ

彼が本当のことを言ってるのかどうかわからない。

⇒ ______________________________ (tell the truth)

I can't believe (that)...

～だなんて信じられない

とても驚いたり、信じられないことについて話すときのパターンです。「どうしてそんなことができるの？（そんなことするなんて！）」というニュアンスで使ったりもします。that は省略することが多く、後ろには「主語＋動詞」を使います。

類似パターン It's impossible to believe (that)...

step1 パターントレーニング

彼女が結婚しているなんて信じられない。	**I can't believe (that)** she's married.
きみがまだここにいるなんて信じられない。	**I can't believe (that)** you're still here.
もう 11 時だなんて信じられない。	**I can't believe** it's already 11.
きみがカンニングしたなんて信じられない。	**I can't believe** you cheated on the exam.
きみがそれにひっかかったなんて信じられない。	**I can't believe** you fell for that.

fall for... ～にひっかかる

step2 パターンリアル会話

A Where's the bag of potato chips I left on the table?

B Uh… I ate it all.

A What? まるまる一袋食べちゃっただなんて信じられない！

B But it was so good! I couldn't help myself.*

A テーブルに置いといたポテトチップスの袋は？
B あー…全部食べちゃった。
A 何ですって？ I can't believe you ate the whole bag!
B だって、すごくおいしかったんだもん！ しょうがなかったんだ。

Tips!
* can't help oneself は「しょうがない」という意味です。「しょうがなかったんだ」と言うときは I couldn't help myself. と言います。

step3 パターンでチャレンジ

きみが彼女のことを好きだなんて信じられない。

⇒ ____________________

Audio pattern 028

I can't understand why...

なぜ～なのかわからない

どうしても理解できない状況に対して使うパターンです。I can't understand why の後ろには「主語+動詞」が続きます。

類似パターン I don't understand why... ‖ I don't get why...

step 1 パターントレーニング

なぜきみが言うことを聞かないのかわからない。	**I can't understand why** you don't listen.
なぜ彼がここにいないのかわからない。	**I can't understand why** he's not here.
なぜこれをまちがえたのかわからない。	**I can't understand why** I got this wrong.
なぜきみが混乱しているのかわからない。	**I can't understand why** you're confused.
なぜきみが彼女を好きなのかわからない。	**I can't understand why** you like her.

step 2 パターンリアル会話

A どうしてこれをまちがえたのかわからないわ。

B Which question?

A This one here.

B Let me see.
Oh, you made a mistake here.

A **I can't understand why I got this wrong.**
B どの問題？
A ほら、これ。
B どれどれ。ああ、ここがまちがってるよ。

step 3 パターンでチャレンジ

なぜきみがノーと言ったのかわからない。

⇨ ________________________ (say no)

Audio pattern 029

Can’t I…?

～しちゃダメ？

Can I…? といえば「～してもいいですか？」という意味ですね。Can’t I…? はというと「～したらダメですか？」という意味になります。

類似パターン Couldn’t I…?

step1 パターントレーニング

明日、それを読むんじゃダメ？	**Can’t I read it tomorrow?**
あなたと一緒に行っちゃダメ？	**Can’t I go with you?**
今夜、メールを送っちゃダメ？	**Can’t I just text you tonight?**
1日遅れで提出しちゃダメ？	**Can’t I hand it in a day later?**
立て替えてもらっちゃダメ？	**Can’t I just pay you back later?**

hand … in ～を提出する

step2 パターンリアル会話

A **Text me the address right now.**

B あとでメールを送るんじゃダメ？

A **No. I have to study tonight. I don’t want to be distracted.***

B **Fine. Hold on a second.**

A 今すぐアドレスをメールして。

B Can’t I just text you later?

A ダメ。今夜は勉強しなくちゃならないの。気を散らされたくないの。

B わかったよ。ちょっと待ってて。

Tips!

* distract は何かに集中しているのに注意をどこかにそらしたり、散漫にさせるという意味です。Don’t distract me. と言えば、「私の注意をどこかにそらさせないで」＝「邪魔しないで」という意味になります。

step3 パターンでチャレンジ

明日の朝、かけ直すんじゃダメ？

⇒ ______________________ (call … back)

Audio pattern 030

Can't you...?

~してくれない？/～できない？

相手に「ちょっと～してくれない？」と頼むとき、または「～できない？」と言うときに使うパターンです。

類似パターン Couldn't you...?

step1 パターントレーニング

あとでかけ直してくれない？	**Can't you call me back later?**
もう一度チャンスをくれない？	**Can't you give me another chance?**
素直になってくれない？	**Can't you be honest?**
集中してくれない？	**Can't you focus?**
明日まで待ってくれない？	**Can't you wait till tomorrow?**

step2 パターンリアル会話

A Can I talk to you about something?

B Sorry. I'm in the middle of something.*

A But I really need your advice.

B あとでかけ直してくれないかな？ **I'm really busy.**

Tips!
* be in the middle of something は「何かの最中」=「忙しい」という意味です。

A 今ちょっと話せる？
B ごめん。今、取り込み中なんだ。
A でも本当にアドバイスしてほしいの。
B **Can't you call me later?** 本当に忙しいんだ。

step3 パターンでチャレンジ

約束を守ってくれない？

⇨ ______________________________ (keep one's promises)

Audio pattern 031

You can't keep -ing

いつまでも〜することはできないよ

相手に「いつまでも〜することはできないよ」と忠告するときなどに使うパターンです。たとえば、友だちがずっと誰かを避けている場合に You can't keep avoiding him. と言うと「いつまでも彼を避けるわけにはいかないよ」という意味になります。

類似パターン You can't continue to... toの後ろは-ing形ではなく動詞の原形を使います。

step1 パターントレーニング

いつまでも彼を避けることはできないよ。	**You can't keep avoiding him.**
いつまでも授業をサボることはできないよ。	**You can't keep skipping class.**
いつまでも言い訳をでっち上げることはできないよ。	**You can't keep making up excuses.**
いつまでも自分にウソをつくことはできないよ。	**You can't keep lying to yourself.**
いつまでも彼のメールを無視することはできないよ。	**You can't keep ignoring his texts.**

step2 パターンリアル会話

A **Why're you hiding?**

B **Michael just walked by.**
I'm not ready to face him yet.

A いつまでも彼を避けて通るわけにはいかないよ。

B **I know. I just need some more time.**

A なんで隠れてるの？
B マイケルが通りかかったの。まだ彼と面と向かう準備できてないわ。
A **You can't keep avoiding him.**
B わかってるわ。ただもう少し時間が必要なの。

step3 パターンでチャレンジ

いつまでもゲームばかりしていることはできないよ。

⇒ ______________________________

Unit

05

Don't...

Q. 次の文を英語で言えますか？

● 忘れずに電話してね。
______ call me.

● バカなこと言わないで。
______ stupid.

● 眠ろうなんて夢にも思うなよ。
______ sleeping.

● 宿題があるんじゃないの？
______ your homework?

● それについて考えるべきだと思わない？
______ think about it?

● まさか忘れたんじゃないでしょうね。
______ you forgot.

● きみは僕に挨拶もしない。
______ say hi to me.

解答　Don't forget to / Don't be / Don't even think about / Don't you have / Don't you think you should / Don't tell me (that) / You don't

Audio pattern 032

Don't forget to...

忘れずに~してね（~するのを忘れないでね）

相手に「~（するの）を忘れないで」と思い出させるときに使うパターンがDon't forget to... です。to の後ろには動詞の原形を使います。

類似パターン Remember to...

step 1 パターントレーニング

忘れずにあとでメールしてね。 **Don't forget to text me later.**

忘れずにドアを開けたままにしてね。 **Don't forget to leave the door open.**

忘れずに今日チケットを買ってね。 **Don't forget to buy the tickets today.**

忘れずに彼によろしくと伝えてね。 **Don't forget to say hello to him for me.**

忘れずに私のノートを返してね。 **Don't forget to give me back my notes.**

say hello to ~ for... …のために~によろしくと伝える

step 2 パターンリアル会話

A **You're all dressed up*! Do you have a date?**

B **Yeah. I just started seeing* someone.**

A **Really? That's great news!**
Have a fantastic time!
あとで忘れずにどうだったか教えてね。

A すっかりめかしこんじゃって。デート？
B まあね。付き合いだしたばかりなんだ。
A 本当に？ すごいじゃない！ 楽しんできて！
And don't forget to tell me all about it later.

Tips!

* dress up は「着飾る」ことを言います。dress down は反対に地味で楽な格好を意味します。

* see は「見る」という意味だけでなく、「付き合う」という意味でもよく使うので一緒に覚えておきましょう。

step 3 パターンでチャレンジ

忘れずに電話してね！

⇒ ____________________

Audio pattern 033

Don't be...

～しないで

相手の態度や行動に「～しないで」と言うときはDon't be... というパターンを使います。Don't be の後ろには形容詞や名詞を使います。

類似パターン Don't act ＋形容詞 ‖ Don't act like ＋名詞

step1 パターントレーニング

いじわるしないで。	**Don't be** mean.
赤ちゃんみたいに文句ばかり言わないで。	**Don't be** a baby.
バカなこと言わないで。	**Don't be** dumb.
そんなに器の小さなこと言わないで。	**Don't be** so petty.
そんなにケチケチしないで。	**Don't be** so cheap.

petty 器の小さい | cheap ケチな

step2 パターンリアル会話

A I got the bill* last time, so you buy this time.

B I'm on a tight budget* these days.

A そんなにケチケチしないでよ。
I know it was your payday yesterday.

B Fine.

A この前は私が払ったんだから、今度はあなたがおごってよね。
B このところふところがキビしくてね。
A **Don't be so cheap.** 昨日、給料日だったの知ってるのよ。
B わかったよ。

Tips!

* get the bill は「食事やお酒の代金を支払う」という意味です。レシートを手に取りながら I'll get this. または I've got this. といえば「私が出します」という意味になります。

* be on a tight budget は「予算がギリギリだ」という意味で、お金を惜しまなければならない状況を表します。

step3 パターンでチャレンジ

子どもじみたことしないで。

⇒ ______________________ (childish)

Audio pattern 034

Don't even think about...

〜しようなんて思うなよ

相手がとんでもない行動をしようとするときに「そんなこと夢にも思うな！」というニュアンスで使うパターンです。後ろには名詞や動詞の ing 形が続きます。

類似パターン Don't even dream about　about の後ろには名詞や動詞の ing 形が続きます。‖ Don't you dare...　dare の後ろには名詞は使えません。動詞の原形を使います。

step 1 パターントレーニング

そんなこと夢にも思うなよ。	**Don't even think about it.**
今夜は眠ろうなんて思うなよ。	**Don't even think about sleeping tonight.**
文句を言おうなんて思うなよ。	**Don't even think about complaining.**
ここでスピードを出そうなんて思うなよ。	**Don't even think about speeding here.**
彼に口答えしようなんて思うなよ。	**Don't even think about talking back to him.**

step 2 パターンリアル会話

A **It's 2 in the morning already. I'm getting sleepy.**

B **No! We have to finish this project tonight.**

A **I'm half asleep already.**

B 寝ようなんて思うなよ！

A もう夜中の２時よ。眠くなってきちゃった。
B ダメだよ！　今夜中にこのプロジェクトを終わらせなくちゃならないんだから。
A もう半分寝てるわ。
B **Don't even think about falling asleep!**

step 3 パターンでチャレンジ

私にウソをつこうなんて思わないでよ。

⇒ ____________________

Audio pattern 035

Don't you have...?

～があるんじゃないの？ / ～はないの？

相手が忘れてしまったものを思い出させてあげたり、何かを確認したりするとき、または相手のまちがいについて指摘するときに使うパターンです。Don't you have の後ろには名詞を使います。

類似パターン Shouldn't you...? あなた～するべきじゃない？

step1 パターントレーニング

今日は宿題はないの？	**Don't you have homework today?**
2時に歯医者の予約があるんじゃないの？	**Don't you have a dental appointment at 2?**
スマートフォンはもう持ってるんじゃないの？	**Don't you have a smartphone already?**
良心はないの？	**Don't you have any conscience?**
何かもっとましなやることはないの？	**Don't you have something better to do?**

step2 パターンリアル会話

A I cheated on the test, and I totally got away with it*!

B Didn't you cheat on the last test, too?

A Yeah. It's so easy!

B きみには罪悪感のかけらもないのかい？

A テストでカンニングしたけど、まったくバレずにすんじゃった！
B この前のテストでもカンニングしてなかった？
A うん。楽勝！
B **Don't you have an ounce of* guilt?**

Tips!

* get away with は I got away with cheating.（カンニングしてもバレずにすんだ）のように、処罰を受ける状況を「無事に切り抜ける」という意味です。

* an ounce of の ounce は非常に小さい重さの単位である「オンス」のことで、会話では「非常に少ない量」という意味でよく使われます。

step3 パターンでチャレンジ

車のスペアキーを持ってるんじゃないの？

⇨ ______________________________ (spare car key)

Audio pattern 036

Don't you think you should...?

～すべきだと思わない？/～すべきじゃないの？

相手のことを心配して提案したり、相手がしたことに対して問いつめたりするときに使うパターンです。should の後ろには動詞の原形を使います。

類似パターン I think you should... 「私はあなたが～するべきだと思う」と言い換えることができます。

step1 パターントレーニング

私にまず話すべきだと思わない？ **Don't you think you should tell me first?**

ミカを助けてやるべきだと思わない？ **Don't you think you should help Mika?**

相談すべきじゃないの？ **Don't you think you should have a talk?**

出発すべきじゃないの？ **Don't you think you should get going?**

仕事をすべきじゃないの？ **Don't you think you should do your work?**

step2 パターンリアル会話

A **You and Emi are not talking nowadays.**

B **We had an argument. I'm still upset over it.**

A **But you guys have been friends since you were little.** 話し合うべきだと思わない？

B **I guess you're right.**

A 最近、エミと口をきいてないね。
B ケンカしちゃって。まだアタマにきてるわ。
A でもきみたちは幼なじみじゃないか。**Don't you think you should talk it out*?**
B そのとおりね。

Tips!

* talk it out は「話し合いで問題を解決する」という意味です。Let's talk it out. と言えば「話し合いで解決しよう」という意味になります。

step3 パターンでチャレンジ

きみは感情をコントロールすべきだと思わない？

⇨ ______________________ (control one's temper)

Audio pattern 037

Don't tell me (that)...

まさか〜じゃないでしょうね

相手が申し訳なさそうにしているときに「まさか〜じゃないでしょうね?」とやや追及するように言うパターンです。Don't tell me の後ろの that はよく省略され、すぐ「主語+動詞」を続けてもオーケーです。

類似パターン You're not telling me... ‖ You're not saying...

step1 パターントレーニング

まさかそのことをすっかり忘れてたんじゃないでしょうね。 **Don't tell me** you forgot all about it.

まさかもう疲れたんじゃないでしょうね! **Don't tell me** you're tired already!

まさか知らないなんて言うんじゃないでしょうね。 **Don't tell me** you don't know.

まさかまた寝坊したんじゃないでしょうね。 **Don't tell me** you slept in again.

まさかまたお金を借りたいんじゃないでしょうね。 **Don't tell me** you want to borrow money again.

sleep in 寝坊する

step2 パターンリアル会話

A Listen.... I, uh...

B まさか寝坊したなんて言うんじゃないでしょうね!

A My alarm clock didn't go off. And I was so tired!

B I don't want your excuses anymore.

A ねえ…あのさ…
B **Don't tell me you slept in again!**
A 目覚ましが鳴らなかったんだ。それに、すごく疲れてたんだよ!
B それ以上言い訳は聞きたくないわ。

step3 パターンでチャレンジ

まさか試験に落ちたんじゃないでしょうね!

⇒ ______________________ (bomb the exam)

Audio pattern 038

You don't...

あなたは 〜 もしてくれない

「あなたは私に会っても挨拶もしてくれない」のように、相手について持っていた気持ちを表現するパターンです。もっと強調するには even をつけて You don't even... と言います。

類似パターン You never...

step1 パターントレーニング

きみは僕にもうあいさつもしてくれない。	**You don't say hi to me anymore.**
きみは最初に謝ってもくれない。	**You don't say sorry first.**
きみは他人の話を聞きもしない。	**You don't listen to other people.**
きみは僕に電話をしてもくれない。	**You don't call me.**
きみは僕にお礼を言ってもくれない。	**You don't say thank you to me now.**

step2 パターンリアル会話

A **What has happened to you, Mr. Hotshot*?**

B **What do you mean?**

A **It's so hard to get a hold of* you.** もう電話もしてくれないのね。**What, I'm not your friend?**

B **Of course you are! I'm really sorry if you felt that way.**

A 何が起きてるの、売れっ子さん。
B どういう意味？
A なかなか連絡が取れないじゃない。**You don't call me anymore.** 何よ、私たち友だちじゃないの？
B もちろんそうさ！　そんなふうに思ってるんなら本当に悪かったよ。

Tips!

* Mr. Hotshot や hotshot は「人気がある男の人」を指す言葉です。

* get a hold of... は「〜に連絡する」という意味です。

step3 パターンでチャレンジ

私のこと愛してるって言ってくれないのね。

⇨ ____________________

Unit

06

It's...

Q. 次の文を英語で言えますか？

- ただの風邪だよ。

  ______ a cold.

- もう寝る時間だ。

  ______ go to bed.

- ただ疲れているだけだ。

  ______ I'm tired.

- 道に迷ったのも無理はない。

  ______ I'm lost.

- きみはいい娘のようだね。

  ______ you're a nice girl.

- きみは眠っているわけではないようだね。

  ______ you're sleeping.

解答　It's just / It's time to / It's just (that) / It's no wonder (that) / It seems like/that / It's not like

Audio pattern 039

It's just...

ただ〜だけだ / ただの〜だ

「なんでもないよ」と相手を安心させたり慰めたりするときや、自信をみせるときなどに使うパターンです。

類似パターン It's only... ‖ It's merely...

step 1 パターントレーニング

ただの冗談だよ！ **It's just** a joke!

ただの風邪だよ。 **It's just** a cold.

ただの虫だよ。 **It's just** a bug.

ただの時間の問題だよ。 **It's just** a matter of time.

ただのうわさだよ。 **It's just** a rumor.

step 2 パターンリアル会話

A Are you going out with Jack? Everyone's talking about it!

B It's not true at all. ただのうわさよ。
I like someone else.

A Oh, I see. I wonder how a rumor like that started.

B Someone saw us having lunch together, I guess.

A ジャックと付き合ってるの？ みんながうわさしてるよ！

B そんなのまったくのデタラメよ。 **It's just a rumor.**
私ほかに好きな人がいるんだもん。

A ああ、そうなの。どうやってそんなうわさがたったのかね。

B 一緒にランチを食べてるところを誰か見たんじゃないの。

step 3 パターンでチャレンジ

ただのイタズラ電話だよ。

⇒ ______________________________ (prank call)

Audio pattern 040

It's time to...

(もう／そろそろ）～する時間だ

「もう寝る時間だ」「もう行く時間だ」のように何かをする時間になったときなどに使うパターンです。It's time to の後ろは動詞の原形を使います。

類似パターン I/You/We should ＋動詞の原形＋ now.

step1 パターントレーニング

もう寝る時間だ。 **It's time to go to bed.**

もう起きる時間だ。 **It's time to get up.**

もう仕事を切り上げる時間だ。 **It's time to call it a day.**

もう大人になる時だ。 **It's time to grow up.**

もうブラブラするのはやめる時だ。 **It's time to stop bumming around.**

bum around ブラブラする

step2 パターンリアル会話

A **Let's go out for some iced coffee.**

B **I don't want to.**

A **Come on. It's been a month already.** あいつのことはもうあきらめる時だよ。

B **You don't know what it feels like.**
I feel like my whole world fell apart.

A アイスコーヒーでも飲みに行こう。
B 行きたくない。
A 行こうよ。もう１カ月だぜ。 **It's time to get over* him.**
B あなたには私の気持ちがわからないのよ。世界が崩れ去ったような気持ちなんだから。

Tips!
* get over は挫折や衝撃を「克服する」という意味です。例えば、get over a breakup といえば「恋人との別れを克服する」という意味です。

step3 パターンでチャレンジ

そろそろ新しいコンピュータの買い時だ。

⇒ ____________________

Audio
pattern
041

It’s just (that)...

ただ単に～

話そうとする前に It’s just... と言って、相手に言いにくいことや聞きにくいことなど照れくさいことを言う場合に使うパターンです。

類似パターン It’s only (that)...

step 1 パターントレーニング

ただ彼女に興味がないだけだ。	**It’s just I’m not interested in her.**
ただ本当にイライラしているだけだ。	**It’s just I’m really stressed out.**
ただ彼は私のタイプでないだけだ。	**It’s just (that) he’s not my type.**
ただ気が進まないだけだ。	**It’s just (that) I don’t feel up to it.**
ただ疲れきっているだけだ。	**It’s just (that) I’m exhausted.**

step 2 パターンリアル会話

A **How was your date with Shinji?**

B **I’ll just say this.**
There won’t be a second date.

A **Why not? He’s a great guy!**

B **I know, but...,** ただ単に、私のタイプじゃないのよ。

A シンジとのデートはどうだった？
B これだけは言えるわ。２度目のデートはないわね。
A どうして？　あいつはいいやつじゃないか！
B わかってるけど…, **it’s just he’s not my type.**

step 3 パターンでチャレンジ

たた彼が近くにいると落ち着かないのよ。

⇒ ________________________________ (comfortable | around him)

Audio pattern 042

It's no wonder (that)...

～なのも当然だ / ～なのも無理はない

当たり前のことについて言うときに使うパターンです。It's no wonder の後ろには「主語＋動詞」が続きます。会話では It's を省略して No wonder で始めることもあります。

類似パターン It's no surprise (that)... ‖ It's not surprising (that)...

step1 パターントレーニング

私が混乱したのも当然だ。	**It's no wonder I was confused.**
その映画がヒットしたのも当然だ。	**It's no wonder the movie was a hit.**
あなたの肌が完ぺきなのも当然だ。	**It's no wonder your skin's so perfect.**
彼女に友だちがいないのも当然だ。	**No wonder she has no friends.**
彼の言うことに誰も耳を傾けないのも当然だ。	**No wonder nobody listens to him.**

step2 パターンリアル会話

A **Your skin is perfect! What's your secret?**

B **My face used to break out* pretty often, but I found a really good dermatologist.**

A お肌がツルツルなのもうなずけるわ！

B **She's really good. Do you want her number?**

Tips!
* 顔について break out と言うと「ニキビができる」という意味です。ちなみに「ニキビ」は pimple または zit と言います。

A あなたの肌は完ぺきね！　秘けつは何なの？
B 前は年中、顔にニキビができてたんだけど、とってもいい皮フ科のお医者さんを見つけたの。
A **No wonder your skin's flawless!**
B 本当にいい女医さんよ。連絡先知りたい？

step3 パターンでチャレンジ

あなたがやせてるのも当然ね。

⇒ ＿＿＿＿＿＿＿＿＿＿＿＿＿＿＿＿＿＿＿＿ (skinny)

Audio pattern 043

It seems like/that...

〜のようだ

「確信はできないけど、そうみたいだ」と言うときに使うパターンです。後ろに「主語+動詞」が続く場合、文法的にはIt seems thatが正しいのですが、会話ではIt seems likeもよく使われます。

類似パターン It looks/sounds like... seemsの代わりに「〜みたいに見える」「〜のように聞こえる」と表現することもできます。

step1 パターントレーニング

きみはまちがえたようだ。	**It seems that** you're mistaken.
雨が降ってきそうだ。	**It seems that** it's going to rain.
きみはいいやつのようだ。	**It seems like** you're a nice guy.
彼は何かを隠しているようだ。	**It seems like** he's hiding something.
きみはいつも僕のことをからかっているようだ。	**It seems like** you always pick on me.

pick on... 〜をからかう

step2 パターンリアル会話

A **I don't think we're going to work.***

B **How come?**

A あなたはいい人みたいだけど、
but there's no chemistry* between us.

B **I see.**

A 私たち、うまくいかないと思うの。
B どうして?
A **It seems like you're a nice guy,** 私たち惹かれ合うものがないのよ。
B そうか。

Tips!

* 男女関係についてworkと表現すると「2人がうまくいっている」という意味になります。したがって、We're not going to work.と言えば、「私たちはうまくいかないだろう」という意味になります。

* chemistryは男女間の化学的反応、すなわちおたがいが惹かれ合う度合いを意味します。

step3 パターンでチャレンジ

彼は出かけようとしているみたいだ。

⇒ ________________________________ (outgoing)

Audio pattern 044

It's not like...

～ではないようだ

相手に対して「～ではないみたいだ」と言う場合に使うパターンで、少しツッコむようなニュアンスもあります。It's not like の後ろには「主語+動詞」が続きます。

類似パターン It's not as if...

step1 パターントレーニング

彼は完ぺきではないようだ。	**It's not like he's perfect.**
きみは私のことが好きではないようだ。	**It's not like you like me.**
きみは罪悪感を抱いていないようだ。	**It's not like you're feeling guilty.**
きみはジュンに恋していないようだ。	**It's not like you're in love with Jun.**
きみはいずれにせよ気にしないようだ。	**It's not like you care anyway.**

step2 パターンリアル会話

A **Do you know this guy named Takeru in my class?**

B **The good-looking one? All the girls are chasing him. They're like his groupies.***

A **I think it's silly.** 彼はあの子たちと付き合うつもりはないみたいだけどね。

B **Yeah, I hear he's already taken.***

A うちのクラスのタケルって男の子知ってる?

B あのイケメン？　女の子たちはみんな彼のことをおっかけてるわよ。おっかけみたい。

A バカバカしい。**It's not like he's going to date them.**

B うん、もう彼女がいるって聞いた。

Tips!

* groupie は歌手を追っかける女性ファンのことを意味します。

* taken は「もうすでに付き合ってる人がいる」という意味です。

step3 パターンでチャレンジ

きみは何も悪いことをしていないみたいだね。

⇒ ______________________ (do something wrong)

Unit

07

Is it...?

Q. 次の文を英語で言えますか？

- 外は暗いですか？

  ______ dark outside?

- もう一度やり直すことはできますか？

  ______ start over?

- 後で電話してもいい？

  ______ I call you later?

- 彼女ってとても親切じゃない？

  ______ she so nice?

- これはきみが注文したもの？

  ______ you ordered?

- 彼らが別れたって本当？

  ______ they broke up?

正解　Is it / Is it possible to / Is it okay if / Isn't / Is this what / Is it true (that)

Audio pattern 045

Is it...?

～ですか？

天気、時間、曜日や状況などをたずねるときに使用する頻度が高いパターンです。Is it の後ろには形容詞を使って Is it serious?（本気なの？）のようにも言えますし、名詞を使って Is it a joke?（冗談なの？）のようにも言えます。

step 1 パターントレーニング

外は暗いですか？ **Is it dark outside?**

今日は寒いですか？ **Is it cold today?**

今日は金曜日ですか？ **Is it Friday today?**

もう3時半ですか？ **Is it 3:30 yet?**

もう終わりですか？ **Is it over already?**

step 2 パターンリアル会話

A もう夜中かしら？

B **Yup. 12:02.**

A **Damn it! I have tons of* work to do!**

B **I guess you'll have to pull an all-nighter,* like me.**

A **Is it midnight already?**

B ああ。12時2分だよ。

A もうイヤになっちゃう！　やらなきゃいけない仕事が山のようにあるのよ！

B 徹夜しなきゃならないだろうね、僕みたいに。

Tips!

* tons of は a lot of と同じ意味で会話でよく使われる表現です。何かがすごく多いと言うときは名詞の前に tons of を付けて使います。

* pull an all-nighter は、I pulled an all-nighter last night.（私は昨日徹夜した）のように、夜ふかしして何かをするときに使う表現です。

step 3 パターンでチャレンジ

今日は6月3日ですか？

⇒ ________________

Audio pattern 046

Is it possible to...?

～することはできますか？ / ～は可能ですか？

Is it possible to...? は相手に何かをていねいに頼むときに使う表現です。また、何かが可能なのかをたずねるときにも使えます。to の後ろには動詞の原形を使います。

類似パターン Would it be possible to...? もっとていねいに表現するときに使います。‖ Can/Could ＋主語＋動詞？

step 1 パターントレーニング

これを今日中に修理することはできますか？	**Is it possible to fix this today?**
ここはインターネットを使うことができますか？	**Is it possible to use the Internet here?**
もう一度やり直すことはできますか？	**Is it possible to start over?**
10 日で 3 キロやせることはできますか？	**Is it possible to lose 3kgs in 10 days?**
もう 1 泊することはできますか？	**Is it possible to stay another day?**

step 2 パターンリアル会話

A　10 日で 3 キロやせるなんてこと本当に可能なのかしら？

B　**Wouldn't that be bad for your health?**

A　**I guess... But I heard that Shiori lost weight in a month!**

B　**Yeah, I heard that, too!**
She's like a whole new person now.

A　**Is it actually possible to lose 3kgs in 10 days?**
B　身体に悪くないのかな？
A　そう思うんだけど…でも、シオリが 1 カ月でやせたんだって。
B　ああ、僕もそう聞いたよ！　彼女、すっかり見ちがえちゃったね。

step 3 パターンでチャレンジ

窓側の席を取ることはできますか？

⇨ ＿＿＿＿＿＿＿＿＿＿＿＿＿＿＿＿ (window seat)

Audio pattern 047

Is it okay if...?

～してもいい？

何かをする前に相手に了解を得る場合に使うパターンです。if の後ろには「主語+動詞」が続きます。

類似パターン Is it all right if...? ‖ May/Could I...?

step1 パターントレーニング

ここに駐車してもいい？ **Is it okay if I park here?**

あとで電話をかけ直してもいい？ **Is it okay if I call you back later?**

友だちを連れてきてもいい？ **Is it okay if I bring a friend?**

これを明日提出してもいい？ **Is it okay if I hand this in tomorrow?**

まずそれについて考えてもいい？ **Is it okay if I think about it first?**

step2 パターンリアル会話

A **We're meeting at the new restaurant next to the bookstore, okay?**

B ある人を連れていってもいい？

A **Well... Sure, why not?**

B **He's a great guy. You guys will like him.**

A 本屋さんの隣の新しいレストランで待ち合わせだよ、わかってる？
B **Is it okay if I bring someone?**
A うーん…いいよ、もちろん。
B とてもいい人よ。みんな彼のことが気に入ると思うわ。

step3 パターンでチャレンジ

明日、電話してもいい？

⇒ ______________________________

Audio pattern 048

Isn't＋主語＋形容詞？

～じゃない？

「これよくない？」のように、相手の意見を聞きながら同意を求めるパターンです。気になる異性や服、食べ物などについて言うときなど、いろんな場面で使われます。

類似パターン Don't you think 主語＋動詞＋形容詞？

step1 パターントレーニング

あの男の人ってカッコよくない？	**Isn't that guy hot?**
それはやりすぎじゃない？	**Isn't that too much?**
彼女ってゴージャスじゃない？	**Isn't she gorgeous?**
これってよくない？	**Isn't this nice?**
彼女ってすごいケチじゃない？	**Isn't she so mean?**

step2 パターンリアル会話

A あの子って色っぽくない？

B **Where?**

A **Over there. The one with wavy hair.**

B **She's totally my dream girl! I'm going to go talk to her.**

A **Isn't that girl hot?**
B どこ？
A あそこ。ウェーブのかかった髪の子。
B 彼女こそ僕の理想の女の子だ！　話しかけに行ってくる。

step3 パターンでチャレンジ

それってあまりにも不公平じゃない？

⇒ ______________________________ (unfair)

Audio
pattern
049

Is this what...?

これは〜のもの？

「これはあなたが注文したものですか？」のように、相手に合っているか確認する場合に使います。Is this what の後ろには「主語+動詞」が続きます。

step1 パターントレーニング

これはきみが注文したもの？	**Is this what** you ordered?
これはきみが欲しかったもの？	**Is this what** you wanted?
これはきみが頼んだもの？	**Is this what** you asked for?
これはきみが探していたもの？	**Is this what** you're looking for?
これは彼が話していたもの？	**Is this what** he was talking about?

step2 パターンリアル会話

A I can't find my cell phone! I thought it was in my pocket!

B きみが探しているのはこれかい？

A Yeah! Where did you find it?

B It was hidden under your notebook.

A ケータイが見つからない！ ポケットに入ってたはずなのに。
B **Is this what you're looking for?**
A そう！ どこで見つけたの？
B きみのノートの下に隠れてたよ。

step3 パターンでチャレンジ

これはきみが書いたもの？

⇒ ______________________________ (write)

Is it true (that)...?

〜って本当？

うわさを信じられないときに「それって本当？」と確認したくなりますよね。こういうときに使えるパターンが Is it true that...? です。that は省略してもかまいません。後ろには「主語+動詞」が続きます。

類似パターン Do 主語+動詞+ really +動詞？ Do は that 節の後ろの主語と時制に応じて Do、Does、Did から選んで使います。たとえば、下の最初の例文は Did he really fail? となります。

step1 パターントレーニング

彼が落第したって本当？	**Is it true (that) he failed?**
ジュンジがクビになったって本当？	**Is it true (that) Junji got fired?**
2 人が別れたって本当？	**Is it true (that) they broke up?**
ヒロコが中退したって本当？	**Is it true Hiroko dropped out?**
彼女が二重にする手術を受けたって本当？	**Is it true she had double eyelid surgery?**

step2 パターンリアル会話

A ジョンが新しい仕事についたって本当なの？

B **You didn't know? He got fired from his last job.**

A **No. How did that happen?**

B **Apparently, he talked behind his boss's back,* and he found out.**

A **Is it true that John got a new job?**

B 知らなかったの？ 前の仕事クビになったんだよ。

A 知らなかった。どうしてそんなことになったの？

B どうやら上司の悪口を言って、それがバレたらしいんだよ。

Tips!

* talk behind someone's back は「裏でこっそりある人物について悪口を言う」という意味です。例：Don't talk behind my back.（陰で私の悪口を言わないでちょうだい）

step3 パターンでチャレンジ

彼女が宝くじに当たったって本当？

⇒ ______________________ (win the lottery)

Unit

08

That's...

Q. 次の文を英語で言えますか？

- だってやりたくないんだ。
  ______ I don't want to.
- だからうれしいんだ。
  ______ I'm happy.
- それが僕のたずねたことだ。
  ______ I asked.
- それは僕が聞いたこととは違う。
  ______ I heard.
- それがこの問題を解く方法だ。
  ______ you solve this problem.
- そのとき僕は恋に落ちた。
  ______ I fell in love.
- そこで僕は彼女に会った。
  ______ I saw her.

解答 That's because / That's why / That's what / That's not what / That's how / That's when / That's where

Audio pattern 051

That's because...

それは～だからだ / だって～

「それは～だからだ」と相手に言うときに使うパターンが That's because... です。後ろには「主語＋動詞」を続けます。

類似パターン The reason is (that)...

step1 パターントレーニング

だって彼は何も知らなかったんだ。	**That's because** he doesn't know anything.
だってそんな気分じゃないんだ。	**That's because** I don't feel like it.
だってわからないんだ。	**That's because** I don't get it.
だって彼はテストに落ちたんだ。	**That's because** he flunked the test.
だってミキオは失恋したんだ。	**That's because** Mikio broke his heart.

flunk 落第する

step2 パターンリアル会話

A **This sucks*! I have to repeat geometry.**

B **Your grade dropped from a B to an F?**

A だって、期末試験は全部の評価の中で 60 パーセントも占めてたんだもん。

B **Ooh, that's harsh.**

A 最悪！ 幾何学を再履修しなきゃなんないよ。

B B から F に成績が下がっちゃったの？

A **That's because the final exam was worth 60% of the whole grade.***

B うーん、それはきびしいわね。

Tips!

* It sucks! や This sucks! は不満を言うときに使います。よくないことがあったり、物や食べ物が気にいらないときに使う会話表現です。

* 課題や試験が点数に占める割合について話す場合、This assignment is worth 50% of my grade.（この課題は点数の 50 パーセントを占める）のように、be worth ... of the grade という表現を使います。

step3 パターンでチャレンジ

だってきみは大きなまちがいをしたんだ。

⇨ ________________________________ (huge mistake)

That's why...

だから～/そういうわけで～

That's why は「だからこういうふうになったんだ」というニュアンスで原因に対する結果を説明するときに使います。That's because の後ろには「原因」がきて、That's why の後ろには「結果」がきます。why の後ろにも「主語＋動詞」を使います。

類似パターン The reason is (that)...

step1 パターントレーニング

だから心配なんだ。 **That's why I'm worried.**

だから出かけるんだ。 **That's why I'm leaving.**

だから彼女と別れたんだ。 **That's why I dumped her.**

だからあきらめたんだ。 **That's why I gave up.**

だから私は外出するのを禁じられている。 **That's why I'm grounded.**

dump 別れる | grounded 家に閉じこもった

step2 パターンリアル会話

A **I'm so anxious about my TOEIC results.**

B **You said you messed up on the RC part, right?**

A だからすごく心配してるの。
I was so nervous during the test.

B **Let's just hope you did better on the LC part at least.**

A TOEIC の結果がとっても心配。
B リーディングで失敗したって言ってたね。
A **That's why I'm so worried.** テスト中、すごく緊張してたから。
B 少なくともリスニングはうまくいったことを願おうよ。

step3 パターンでチャレンジ

だからきみはいつも女の子たちにフラれるんだよ。

⇒ ______________________________ (get dumped by girls)

Audio pattern 053

That's what...

それは～のことだ

相手の言ったことに「私が言いたいのはそれ！」と相づちを打つときや、何かを指しながら「私が買ったのはそれ！」と言うときなどに使うパターンです。That's what の後ろには「主語＋動詞」が続きます。

step1 パターントレーニング

それが僕の言っていることだ。	**That's what I'm saying.**
それが僕が彼女に言ったことだ。	**That's what I told her.**
それが僕が彼にやるように言ったことだ。	**That's what I told him to do.**
それが僕が昨日買ったものだ。	**That's what I bought yesterday.**
それが僕が思っていたことだ（そうだと思った）。	**That's what I thought.**

step2 パターンリアル会話

A **It's not your fault.**

B **Exactly!** それは僕も彼女に言ったんだ！ **But she keeps blaming me!**

A **Just leave her alone for a while. She'll come to her senses* soon.**

B **I really hope so.**

Tips!
* come to one's senses は「しっかりする」という意味です。気絶してから意識が戻るときにも使いますが、感情的になったあとでまた理性を取り戻したときにも使います。

A あなたのせいじゃないわよ。

B そのとおりなんだよ！ **That's what I told her, too!**
でも、彼女は僕を責め続けるんだよ！

A しばらく彼女をほうっておきなさいよ。そのうち冷静になるわよ。

B 本当にそう願うよ。

step3 パターンでチャレンジ

それがブライアンが言ったことだ。

⇒ ______________________

Audio pattern 054

That's not what...

それは～のことではない

相手の誤解を解くときや相手がまちがって理解しているのを正すときに使うパターンです。That's not what... の後ろには「主語+動詞」が続きます。

step 1 パターントレーニング

それは僕が言おうとしたことじゃない。	**That's not what I meant.**
それは僕が探していたものじゃない。	**That's not what I was looking for.**
それは僕が頼んだものじゃない。	**That's not what I asked for.**
それはサイモンが言ったことじゃない。	**That's not what Simon said.**
それは僕がネットで見たものじゃない。	**That's not what I saw on the website.**

step 2 パターンリアル会話

A **Are you calling me stupid?**

B そんなつもりじゃなかったんだよ！

A **Oh, yeah*?**
Then what did you mean?

B **I just suggested that you should think this through.***

A 私がバカだって言うの？
B **That's not what I meant!**
A あら、そう？　それじゃあ、どういう意味だったのよ。
B ただ、よく考えたほうがいいよって提案しただけじゃないか。

Tips!

* Oh, yeah? は、驚いたりうれしいうわさに「あら、本当？」と反応したり、相手の言うことに「あら、そう？」と疑ってみたり、皮肉っぽく「冗談やめて」と言うときなど、いろんな意味で使われます。

* think ... through は「～について最後まで考え抜く」という意味です。

step 3 パターンでチャレンジ

それはきみの言ったことじゃない！

⇒ ____________________

Audio pattern 055

That's how...

それが〜する方法だ / そんなふうに〜

That's how you install a printer.（プリンタはこうやってインストールするんだよ）のように、どうやればいいのか「方法」を教えるときに使うパターンです。また、「人生ってそんなもんだよ」（That's how life goes.）などと言う場合にも使える便利なパターンです。That's how の後ろには「主語+動詞」が続きます。

類似パターン That's the way...

step 1 パターントレーニング

それが彼のやってもらいたがっているやり方だ。	**That's how he wants it done.**
それがセイジのやり方だ。	**That's how Seiji does it.**
それが私の自分の時間の過ごし方だ。	**That's how I spend my spare time.**
それがバナナマフィンの焼き方だ。	**That's how you bake banana muffins.**
それが人生の進み方だ。	**That's how life goes.**

step 2 パターンリアル会話

A **Redo this chart. This should go there, not here.**

B **But I thought…**

A それが私のやってもらいたいやり方なの。 **Get used to it.**
Have the new chart on my desk by 4 o'clock.

B **Okay.**

A この表はやり直しよ。これはそっちにあるはずなの、こっちじゃなくて。

B でも、僕が思ったのは…

A **That's how I want it done.** 慣れてちょうだい。
4時までに新しい表を私のデスクに置いといてよ。

B わかりましたよ。

step 3 パターンでチャレンジ

それが YouTube に動画を投稿するやり方だ。

⇒ ________________________________ (post | video clip)

Audio pattern 056

That's when...

そのとき〜した / 〜したのはそのときだ

「そのとき僕は彼女と恋に落ちた」のように、「いつ、どんなことがあったのか」について言うときに使うパターンです。That's when... の後ろには「主語+動詞」が続きます。

類似パターン That's the time/moment/day... whenの代わりにもっと具体的に the time、the moment, the day といった単語を入れることもできます。

step1 パターントレーニング

そのとき私はユージと恋に落ちた。 **That's when** I fell in love with Yuji.

そのとき私は思い出した。 **That's when** I remembered.

そのとき彼らがケンカをはじめた。 **That's when** they started fighting.

そのとき彼はタバコを吸いだした。 **That's when** he started smoking.

そのとき私は自分のビジネスをはじめた。 **That's when** I started my own business.

step2 パターンリアル会話

A …そのときはじめて僕はユリに出会ったんだ。

B Okay, stop it.
You've been at it* for the last half hour!

A What can I say?
She's just so perfect in every way.

B You're completely blinded by love.

A **... and that's when I met Yuri for the first time.**
B わかったから、もうやめて。あなた30分もずっとそればっかり話してるのよ。
A しょうがないじゃない?
彼女はすべてにおいてまさにパーフェクトなんだから。
B 恋のせいで完全にまわりが見えなくなってるわね。

Tips!
* be at it は「よくしゃべる」「ロゲンカをする」という意味です。この会話のように「休まずずっとしゃべり続けた」という意味でも使われますし、You two are at it again?「あんたたち、またケンカしてるの?」というときにも使えます。

step3 パターンでチャレンジ

そのとき私は自分のまちがいに気づいた。

⇒ ________________________________ (realize)

Audio pattern 057

That's where...

そこで～した / ～したのはそこだ

That's when... は「そのとき～した」ですが、when を where に変えたこのパターンは「そこで～した」という意味になります。時が場所に変わっただけで同じ構文パターンです。後ろには「主語＋動詞」を使います。

類似パターン That's the place... the place の代わりに the park といった具体的な場所を使って表現することもできます。

step1 パターントレーニング

そこで私は最後にバッグを見た。 **That's where I last saw my bag.**

そこではじめて彼女に会った。 **That's where I first met her.**

そこで私は TOEFL を受けた。 **That's where I took my TOEFL.**

そこが私も向かっている場所だ。 **That's where I'm headed, too.**

そこがきみのまちがっているところだ。 **That's where you're wrong.**

step2 パターンリアル会話

A ねえ、そこがあなたが勘違いしているところなのよ。

B **What are you talking about?**

A **I said I would call you at 10, not 8.**

B **Oh, I see. My bad.***

A **See, that's where you're mistaken.**

B 何言ってるの？

A 8 時じゃなくて 10 時に電話するって言ったでしょ。

B ああ、そうか。それは悪うございました。

Tips!

* My bad. は「私のミスだ」と自分のまちがいやミスを認めるときに使う表現です。

step3 パターンでチャレンジ

そこは私たちが新婚旅行で行ったところだ。

⇒ ______________________________ (go on one's honeymoon)

Unit

09

There is...

Q. 次の文を英語で言えますか？

- 時間がない。

  ______ time.

- することが何もない。

  ______ to do.

- まちがいがあるようだ。

  ______ a mistake.

- 私にそれができるはずがない。

  ______ I can do it.

- 方法があるはずだ。

  ______ a way.

- いつも希望はある。

  ______ hope.

- 何か方法はある？

  ______ way?

解答　There's no / There's nothing / There seems to be / There's no way (that) / There must be / There's always / Is there any

Audio pattern 058

There's no...

〜がない

「何かがない」と言いたいときには、ごくシンプルに There is の後ろに「no +名詞」を使います。

類似パターン I don't have any... ‖ I have no...

step 1 パターントレーニング

そんなことをしている時間はない。	**There's no** time for that.
着替えている時間はない。	**There's no** time to change clothes.
返事がない。	**There's no** answer.
出口はない。	**There's no** way out.
あなたのことを信じる理由はない。	**There's no** reason to believe you.

step 2 パターンリアル会話

A What's that?

B It's a new table.

A I can see that. Why did you buy a new table?
そんなスペースないじゃないか。

B We'll get rid of this one here, then.

A あれは何？

B 新しいテーブルよ。

A それは見りゃわかるよ。なんで新しいテーブルなんて買ったの。
There's no room for it.

B じゃあ、ここにあるこれをどかしましょうよ。

step 3 パターンでチャレンジ

その２つにはまったく違いがない。

⇒ ＿＿＿＿＿＿＿＿＿＿＿＿＿＿＿＿＿＿＿＿ (at all | between)

Audio pattern 059

There's nothing＋形容詞 / 不定詞

～は何もない

There's no... よりちょっと強調された感じのパターンです。There's nothing wrong. のように後ろに形容詞がくると「～のものは何もない」という意味になります。There's nothing to watch. のように後ろに不定詞（to ＋動詞の原形）が続くと「～するものは何もない」という意味になります。

類似パターン There isn't anything...

step 1 パターントレーニング

悪いところは何もない。	**There's nothing wrong.**
それについておかしなところは何もない。	**There's nothing weird about it.**
きみのレポートには目新しさが何もない。	**There's nothing new in your report.**
失うものは何もない。	**There's nothing to lose.**
僕を止められるものは何もない。	**There's nothing to stop me.**

step 2 パターンリアル会話

A **I'm bored out of my mind.***

B **Watch TV or something.**

A テレビで見るものなんて何もやってないもの。

B **If you're that bored, why don't you study for a change*?**

A 死ぬほど退屈だわ。
B テレビでも見なよ。
A **There's nothing to watch on TV.**
B そんなに退屈なら、気分転換に勉強でもしたら？

Tips!

* bored out of one's mind は「つまらなくて頭がおかしくなりそう」という意味です。bored（つまらない）と out of one's mind（狂っている）を合わせた表現です。

* for a change は「普段と違ってたまに」という意味です。

step 3 パターンでチャレンジ

きみに言うことなんて何もない。

⇒ ____________________

Audio pattern 060

There seems to be...

～があるようだ

「～かどうか正確ではない」、またはちょっと遠回しに「～があるようだ」と表現する場合に使うパターンです。後ろには名詞が続きます。

類似パターン There appears to be... ‖ I think there's...

step 1 パターントレーニング

問題があるようだ。	**There seems to be a problem.**
ここにまちがいがあるようだ。	**There seems to be a mistake here.**
誤解があるようだ。	**There seems to be a misunderstanding.**
何か悪いところがあるようだ。	**There seems to be something wrong.**
意見の相違があるようだ。	**There seems to be a disagreement.**

step 2 パターンリアル会話

A 誤解があるみたいなんですけど。

B **What seems to be the problem?**

A **I ordered the package to be delivered on the 11th, not today.**

B **Okay. I'll check it out for you.**
Hold,* please.

A **There seems to be a misunderstanding.**
B どのような問題でしょうか？
A 今日じゃなくて 11 日に荷物を届けてもらうように注文したんです。
B 承知しました。お調べいたします。
少々お待ち下さい。

Tips!
* 電話中、"Hold." と言うと「電話を切らないで待って」という意味です。"Hold, please." と簡単に言ったり、"Could you hold for a minute?" とも言えます。

step 3 パターンでチャレンジ

書類に誤りがあるようだ。

⇨ ________________________ (error | document)

Audio pattern 061

There's no way (that)...

～のはずがない

「～だなんて、そんなはずがない」と強い疑問を表現するときに使うパターンが There's no way (that)... です。that は普通は省略して、すぐに「主語＋動詞」が続きます。

類似パターン It can't be true (that)... ‖ It's impossible (that)...

step1 パターントレーニング

彼が私よりうまくやったはずがない。	**There's no way he did better than me.**
教授が賛成するはずがない。	**There's no way the professor will agree.**
彼が本当のことを言っているはずがない。	**There's no way he's telling the truth.**
私にそんなことができるはずがない。	**There's no way I can do that.**
彼がその競争に勝つはずがない。	**There's no way he'll win the trial.**

step2 パターンリアル会話

A **Did you hear what Jessica said?**

B **Sure did.** 彼女が本当のことなんて言うわけがないわ。

A **I know, right?***
Does she think we're that stupid?

B **How dare she! I can't believe her!**

Tips!
* I know, right? は相手の言葉に相づちを打つときによく使う表現で「だから、そうだね」という意味です。

A ジェシカの言ったこと聞いた？
B もちろん聞いたわよ。**There's no way she's telling the truth.**
A でしょ？ 私たちのことそこまでバカだと思ってるのかしらね。
B よくもまあ！ 彼女のことなんて信用できないわ！

step3 パターンでチャレンジ

彼がオーディション番組で勝ち抜いたはずがない。

⇒ ________________________________ (win the talent show)

Audio pattern 062

There must be...

きっと～がある / ～にちがいない

「きっと（何か）がある」と疑っている場合に使うパターンです。There must be... の後ろには名詞がきます。

類似パターン There has to be... ‖ There's gotta be...

step 1 パターントレーニング

方法があるにちがいない。	**There must be a way.**
もっとよい方法があるにちがいない。	**There must be a better way.**
理由があるにちがいない。	**There must be a reason.**
彼らの間には何かあるにちがいない。	**There must be something between them.**
彼はどこかおかしいところがあるにちがいない。	**There must be something wrong with him.**

step 2 パターンリアル会話

A **Have you noticed how Paul acts differently around Kate?**

B **Yeah. He's like a totally different person around her.**

A 2人の間には何かあるにちがいないわ。

B **I wonder what's going on between them.**

A ポールってケイトが近くにいると態度が全然違うのに気がついた？
B ああ。彼女の近くではまったくの別人だね。
A **There must be something between them.**
B あの2人、どうなってるのかな。

step 3 パターンでチャレンジ

別の方法があるにちがいない。

⇒ ________________________________ (another way)

Audio pattern 063

There's always...

いつも〜はある

相手に「いつも希望はあるんだよ」と勇気を与える場合のように、「いつも〜はある」というときに使うパターンです。There's always の後には名詞が続きます。

類似パターン We always have... 「私たちにはいつも〜がある」と言い換えることもできます。たとえば、下の最初の例文は We always have hope. となります。

step1 パターントレーニング

いつだって希望はある。 **There's always hope.**

いつだって今度がある。 **There's always next time.**

いつだって出口はある。 **There's always a way out.**

いつだって明日はある。 **There's always tomorrow.**

いつだってきみは言い訳ばかりだ。 **There's always an excuse with you.**

step2 パターンリアル会話

A **Uh... I forgot to bring my wallet.**

B **You always do that when we go out for dinner!**

A **Actually, this time, I...**

B **Whatever.*** いつだってきみは言い訳ばかりなんだから！

A ああ…お財布持ってくるの忘れちゃった。

B きみはディナーに出かけるときはいつもそうだね！

A 本当に今回は私…

B はいはい。**There's always an excuse with you!**

Tips!

* Whatever は相手の言うことに対して「気にしないから」「関係ないわ」という意味で使うことができます。めんどくさいときや、ムカついたとき、ツッコムときなどいろいろ使えます。

step3 パターンでチャレンジ

いつだって別のチャンスがある。

⇒ ______________________________

Audio pattern 064

Is there any…?

何か~はある？

何かがあるか聞くときに使います。any の後ろに名詞を使ってもいいですし、any の代わりに anything、anyone、anybody のような単語を使うこともできます。

類似パターン Do I/you/we have any...?

step1 パターントレーニング

しょうゆはまだある？	**Is there any soy sauce left?**
何か私にできることある？	**Is there anything I can do for you?**
誰か手伝ってくれる人いる？	**Is there anyone who can help me?**
何かテレビでおもしろいものやってる？	**Is there anything good on TV?**
あなたのことを信じる理由が何かある？	**Is there any reason I should believe you?**

step2 パターンリアル会話

A つぶしニンニクはまだあるかしら？

B **No, I'll make a quick run to* the grocery store.**

A **Wait. While you're at it, buy some green onions, too.**

B **Okay, Mom.**

A **Is there any crushed garlic left?**
B ないよ。ちょっと八百屋さんまでひとっ走り行ってくるよ。
A 待って。だったら、ついでにネギも買ってきてちょうだい。
B わかったよ、母さん。

Tips!
* make a quick run to...は「～に急いで行ってくる」という意味です。run の代わりに trip を使うこともできます。

step3 パターンでチャレンジ

ピザはまだある？

⇒ ____________________

PART 2

スラスラ質問できる

疑問詞パターン

pattern 500+

Unit

10

who

Q. 次の文を英語で言えますか？

- あなたは誰が好きですか？

  ＿＿＿＿ like?

- 誰があなたの髪をセットしたの？

  ＿＿＿＿ your hair?

- 誰が車を運転するの？

  ＿＿＿＿ drive?

- 誰かほかにこれを見た？

  ＿＿＿＿ saw this?

- 私がウソをついたなんて誰が言ったの？

  ＿＿＿＿ I lied?

- あなたが違っているからといって誰が気にするの？

  ＿＿＿＿ you're different?

- 誰もそんなこと言いやしないよ？

  ＿＿＿＿ say that?

解答　Who do you / Who did / Who's going to / Who else / Who says (that) / Who cares if / Who would

MP3 pattern 065

Who do you...?

誰を ～する？

相手の意見を聞くときによく使うパターンのひとつです。文法的には who ではなく whom を使うのが正しいのですが、一般的にネイティブは who を使って言います。

step 1 パターントレーニング

あなたは誰が好き？	**Who do you like?**
あなたは誰を支持する？	**Who do you support?**
あなたは誰に賛成する？	**Who do you agree with?**
あなたは誰をより信頼する？	**Who do you trust more?**
あなたは家族の誰に似てる？	**Who do you resemble in your family?**

step 2 パターンリアル会話

A Are you going to vote in the upcoming presidential election*?

B I don't know anything about politics.
Are you going to vote?

A Yes.

B Really? 誰を支持するの？

A 今度の大統領選挙は投票するつもり？
B 政治のことはなんにもわからないんだ。きみは投票するの？
A ええ。
B 本当に？ **Who do you support?**

Tips!

* presidential election は「大統領選挙」、general election は「総選挙」、ちなみに「補欠選挙」は special election または by-election と言います。

step 3 パターンでチャレンジ

あなたは誰を信じる？

⇒ ________________________________

MP3 pattern 066

Who did...?

誰が〜したの？

「誰が〜をしたか？」と聞くときに使うごく基本的なパターンです。Who did...?の後ろには名詞を使います。

step1 パターントレーニング

誰があなたの髪をセットしたの？	**Who did** your hair?
誰が最高の仕事をしたの？	**Who did** the best job?
誰があなたの化粧をしたの？	**Who did** your makeup?
誰が飾り付けをしたの？	**Who did** the decorations?
誰がパンフレットのイラストを描いたの？	**Who did** the illustrations in the brochure?

step2 パターンリアル会話

A You look fabulous!
誰がヘアとメイクをしたの？

B Thanks. My friend is a makeup artist.

A She's so good!

B Do you want me to introduce you?

A すてき！ **Who did your hair and makeup?**
B ありがと。友だちがメーキャップアーティストやってんの。
A 彼女すごく上手ね！
B 紹介してほしい？

step3 パターンでチャレンジ

誰が計算したの？

⇒ ______________________ (do the calculations)

MP3 pattern 067

Who's going to/gonna...?

誰が～するの？

担当を決めるときなど「誰が～するの？」と言う場合は「Who's going to ＋動詞の原形」のパターンを使います。going to は省略されると gonna になります。

類似パターン Who will...? ‖ Who's -ing? 進行形は未来のことを表す意味でも使われるので Who is -ing? の形に変えることもできます。

step1 パターントレーニング

誰が運転するの？	**Who's going to drive?**
誰が夕食代の支払いをするの？	**Who's gonna pay for dinner?**
誰が犬のしつけをするの？	**Who's going to train the dog?**
誰がジェームズの代わりをするの？	**Who's going to replace James?**
誰がお酒を持ってくるの？	**Who's going to bring the booze?**

booze アルコール類

step2 パターンリアル会話

A **Steve is quitting.**

B **Why? What happened?**

A **Remember that mistake he made last week?**
He's taking full responsibility.

B **Oh. Then,** 誰がスティーヴの代わりをするの？

A スティーヴが辞めることになったの。
B どうして？ 何があったの？
A 先週彼がしたミスのこと覚えてる？ 彼が全責任を負っているの。
B ああ。それで、**who's going to replace Steve?**

step3 パターンでチャレンジ

誰が僕の宿題を手伝ってくれるの？

⇒ ________________________ (with my homework)

MP3
pattern 068

Who else...?

誰かほかに～ / ほかに誰が～？

「誰かほかにこれ見た？」とほかの人たちにたずねる場合に使うパターンです。「一緒に行きたい人、ほかに誰かいる？」と残りの人の意見をたずねる場合にもよく使います。Who else の後ろには動詞が続きます。

類似パターン Does/Did somebody else...? ‖ Does/Did anybody else...?

step1 パターントレーニング

誰かほかにこれを見た人は？	**Who else saw this?**
誰かほかにこれを知っている人は？	**Who else knows about this?**
誰かほかに手の空いている人は？	**Who else is available?**
誰かほかにこれを欲しい人は？	**Who else wants this?**
誰かほかに来たい人は？	**Who else wants to come?**

step2 パターンリアル会話

A **You have to keep this a secret, okay?**
I promised Saori not to tell anyone.

B ほかに誰がこのことを知っているの？

A **You, me, and Nao.**

B **Who would've thought that Saori is going out with Daichi?**

A これは絶対に秘密だからね？
サオリに誰にも言わないって約束したんだから。
B **Who else knows about this?**
A あなたと私とナオ。
B まさかサオリがダイチと付き合っていたなんてね。

step3 パターンでチャレンジ

ほかに誰がテストでカンニングしたの？

⇒ ________________________________ (cheat on)

MP3 pattern 069

Who says (that)...?

～だなんて誰が言ったの？

「そんなバカなこと誰が言った？」というニュアンスを表すのに最適のパターンです。Who says の後の that は省略してもかまいません。後ろには「主語＋動詞」がきます。

類似パターン Who thinks (that)...? 誰が～だと思う？ ‖ It's not true (that)... 「～だなんて誰が言ったんだ？」を「～というのは事実ではない」と言い換えます。

step1 パターントレーニング

私にはできないだなんて誰が言ったの？ **Who says I can't do it?**

私がウソをついたなんて誰が言ったの？ **Who says I lied?**

不可能だなんて誰が言ったの？ **Who says it's impossible?**

私が口うるさいだなんて誰が言ったの？ **Who says I'm picky?**

きみを信用できないだなんて誰が言ったの？ **Who says you can't be trusted?**

step2 パターンリアル会話

A 不可能だなんて誰が言ったんだ？

B **It does'nt seem awfully* difficult.**

A **My motto is "Make the impossible possible"!**

B **Yes, sir. We'll do our best.**

A **Who says it's impossible?**
B 実際のところそんなに難しくなさそうです。
A 私のモットーは「不可能を可能にする」だ！
B わかりました。全力を尽くします。

Tips!

* awful には「くだらない、ひどい」というよくない意味がありますが、最後に -ly が付くと「すごい、とても」という意味になります。terrible も同じく -ly が付くと「とても、すごい」という意味になります。

step3 パターンでチャレンジ

僕が悪いだなんて誰が言ったんだ？

⇒ ______________________

MP3 pattern 070

Who cares if…?

～だからって誰も気にしないよ / ～だからって何？

このパターンは「そんなの誰も気にしないよ」というニュアンスを表します。Who cares if の後ろには「主語＋動詞」を使います。

類似パターン It doesn't matter if...「～すればどう？」を「～だとしてもかまわない」と言い換えます。 ‖ Nobody cares if... 誰も～気にしない

step1 パターントレーニング

きみがまちがってたって誰も気にしないよ。	**Who cares if you're wrong?**
彼がゲームに勝ったからって誰も気にしないよ。	**Who cares if he wins the game?**
彼女のほうが頭がいいからって誰も気にしないよ。	**Who cares if she's smarter?**
きみがちょっとくらい変わってるからって誰も気にしないよ。	**Who cares if you're a little different?**
ちょっと現実的じゃないからって誰も気にしないよ。	**Who cares if it's a bit unrealistic?**

step2 パターンリアル会話

A I'm not sure if Neil and I will work out.

B How come?

A We don't have much in common.*

B きみたちが違っているからってなんだっていうわけ？
I think you guys complement* each other.

A ニールと私、うまくいくかどうかわからないわ。
B どうして？
A あまり共通点がないのよ。
B **Who cares if you guys are different?**
きみたちはおたがい補い合えると思うよ。

Tips!

* have something in common は「共通点がある」という意味です。
* complement は「補う」「足りないところを満たし補う」という意味で、カップルについて話すときによく使います。

step3 パターンでチャレンジ

きみがたまにまちがえたからって誰も気にしないよ。

⇒ ________________________________ (once in a while)

MP3 pattern 071

Who would...?

誰が～するだろうか ?/ 誰も～しないよ

「誰がそんなことをするだろうか、いや誰もしないだろう」という反語的なニュアンスを表す場合に使います。Who would の後ろには動詞の原形が続きます。would を使うことによって、「誰もしないだろう」という推測、仮定の意味が含まれます。

類似パターン Nobody would... 「誰も～なんかしないと思う」と言い換えます。

step1 パターントレーニング

誰もそんなことしやしないよ。	**Who would** do something like that?
誰も彼のことなんか信じやしないよ。	**Who would** believe him?
誰もそんなふうに話しやしないよ。	**Who would** talk like that?
誰も彼みたいなやつを雇いやしないよ。	**Who would** hire someone like him?
誰も友だちにそんなことしやしないよ。	**Who would** do that to their own friend?

step2 パターンリアル会話

A I hear Matt is looking for work.

B Hah! 誰が彼みたいな人を雇うっていうのよ？
He's irresponsible, stubborn, lazy... and the list goes on and on.*

A That's true.

B No one will want him.

A マットが仕事を探してるって聞いたんだけど。
B へえ！ **Who would hire someone like him?**
無責任で、頑固で、怠け者で……数え上げたらきりがないわよ。
A そりゃそのとおりだ。
B 誰も彼のことなんて必要としないわ。

Tips!
* the list goes on (and on) は「リストが続く」という意味で、「果てしなく続いている」という表現です。

step3 パターンでチャレンジ

誰も彼と友だちになんてなりたがりやしないよ。

⇒ ________________________________ (be friends with)

Unit

11

what

Q. 次の文を英語で言えますか？

● 失敗したらどうしよう？

______ I make a mistake?

● どうしてそんなことを言うの？（何があなたにそんなことを言わせるの？）

______ say that?

● どうしてここに来たの？

______ here?

● どんな音楽が好きなの？

______ music do you like?

● デートはどうだった？

______ your date ______ ?

● 知らないってどういうこと？

______ you don't know?

● きみに何がわかるって言うんだ？

______ you ______ ?

解答　What if / What makes you / What brings you / What kind of / What was, like / What do you mean / What do, know

MP3
pattern 072

What if...?

〜したらどうしよう？

結果について「もしそうなったらどうしよう？」と言うときに使うパターンが What if...? です。What if の後ろには「主語+動詞」が続きます。

類似パターン What happens if...? ‖ What do I do if...?

step 1 パターントレーニング

しくじったらどうしよう？	**What if I mess up?**
明日、雨が降ったらどうしよう？	**What if it rains tomorrow?**
今日、それを終わらせられなかったらどうしよう？	**What if I can't get it done today?**
せりふを忘れたらどうしよう？	**What if I forget my lines?**
また遅れたらどうしよう？	**What if I'm late again?**

step 2 パターンリアル会話

A You look really nervous.

B I'm worried about my presentation today.
順番をまちがえたらどうしよう？

A You'll be fine. You've been working on it for a whole month.

B Thanks. It's so important to me, so I keep getting nervous.

A とても緊張してるみたいね。
B 今日のプレゼンが心配なんだ。
What if I mix up the order?
A 大丈夫よ。まる1カ月取り組んできたんだから。
B ありがとう。僕にとってとても重要なプレゼンだから、ずっと落ち着かなくてね。

step 3 パターンでチャレンジ

自分がまちがってたらどうしよう？

⇒ ____________________

MP3 pattern 073

What makes you＋形容詞 / 動詞の原形？

どうして～なの？（何があなたを～させるの？）

「何で～なの？」と相手に理由を聞くときに使うパターンです。What makes you の後ろに形容詞がくると、相手の状態にどうしてそうなのかと聞く意味になります。動詞の原形がくると、相手の言ったことや行動に対して理由をたずねる意味になります。

類似パターン Why are you ＋形容詞？ ‖ Why do you ＋動詞の原形？

step1 パターントレーニング

どうしてそんなことを言うの？	**What makes you say that?**
どうして幸せなの？	**What makes you happy?**
どうしてそんなに確信があるの？	**What makes you so sure?**
どうして彼を疑ってるの？	**What makes you suspect him?**
どうしてそう思うの？	**What makes you think so?**

step2 パターンリアル会話

A **I don't like Jason.**
There's something off about him.*

B なんでそう思うの？

A **I don't know how to put it,* but he has a weird sense of humor.**

B **Yeah, I noticed that, too.**

A 私ジェイソンってキライ。あの人ってちょっとヘンよ。
B **What makes you feel that way?**
A なんて言えばいいのかわからないけど、冗談のセンスがおかしいのよ。
B ああ、僕もそれには気がついてたよ。

Tips!
* There's something off about... は、「何かちょっとおかしい」と言うときやあやしいときに使う表現です。
* put はここで使われたように「口にする」という意味でよく使われます。例：Let me put it this way.（こういうふうに言わせて）

step3 パターンでチャレンジ

どうしてそんなに自信満々なの？

⇒ ________________________________ (confident)

MP3 pattern 074

What brings you...?

どうして～に来たの？

相手がやって来たときや偶然会ったときなど、「どうして～にいるの？」と言う場合に使うパターンがWhat brings you...? です。What brings you の後ろには場所を示す副詞（句）を続けます。

類似パターン What are you...for? ‖ Why are you...?

step 1 パターントレーニング

どうしてここに来たの？	**What brings you here?**
どうして日本に来たの？	**What brings you to Japan?**
どうしてこんな時間にここに来たの？	**What brings you here at this hour?**
どうしてわざわざここまで来たの？	**What brings you all the way here?**
どうしてこの近所に来たの？	**What brings you to my neighborhood?**

step 2 パターンリアル会話

A **Hi.** こんな夜遅くに何しに来たの？

B **Thank God you're awake.**
I need a favor from you.

A **Sure. Do you want to come in?**

B **Thanks.**

A あら。**What brings you here so late in the night?**
B きみが起きててくれてよかった。
お願いがあるんだけど。
A いいわよ。中に入る？
B ありがとう。

step 3 パターンでチャレンジ

どうして会社に来たの？

⇒ ______________________________

MP3
pattern
075

What kind of...?

どんな（種類の）～？

music、food、job のように、いろんな種類があるものについて「どんな種類の～がいい?」といった質問をするときに使うパターンです。「What kind of ＋名詞」の後ろに do you like? のような疑問文を付けて、What kind of music do you like? と言えばオーケーです。

類似パターン What sort of...? ‖ What type of...?

step 1 パターントレーニング

どんな音楽が好きなの？	**What kind of music do you like?**
どんな仕事をしているの？	**What kind of work do you do?**
どんなパスタが好きなの？	**What kind of pasta do you like?**
どんな仕事を探してるの？	**What kind of job are you looking for?**
どんな車が欲しいの？	**What kind of car do you want?**

step 2 パターンリアル会話

A **I'm thinking of buying a new car.**

B どのような車にご興味がおありですか？

A **I have a baby on the way, so I'm looking for a family car.**

B **Then you'll love what we have here.**

A 新しい車を買おうと思ってるんですけど。
B **What kind of car are you interested in?**
A 子どもが産まれるのでファミリーカーを探しています。
B では、こちらのものがお気に召すでしょう。

step 3 パターンでチャレンジ

どんなサラダが好きなの？

⇨ ______________________________

MP3 pattern 076

What is/was... like?

~はどんな感じ（だった）？

友だちがデートしたときに「デートどうだった？」と聞きますよね？　こんなふうに「何がどうだったか？」とたずねる場合に What is/was ... like? と言います。

類似パターン How is/was...?

step1 パターントレーニング

新しい彼氏はどんな感じ？	**What is your new boyfriend like?**
新居はどんな感じ？	**What is your new place like?**
そちらの天気はどんな感じ？	**What is the weather like over there?**
デートはどんな感じだった？	**What was your date like?**
子どもの頃、お姉さんはどんな感じだった？	**What was your sister like as a child?**

step2 パターンリアル会話

A 子どもの頃、モニカはどんな感じだった？

B **She was really shy and quiet.**

A **Really? I can't picture her being shy at all!**

B **She's changed a lot over the years.**

A **What was Monica like as a child?**
B とても人見知りでおとなしかったね。
A 本当に？　人見知りな彼女なんてぜんっぜん想像つかない！
B 長い間にずいぶん変わったんだよ。

step3 パターンでチャレンジ

あなたのお兄さんは家ではどんな感じ？

⇒ ______________________________ (at home)

MP3 pattern 077

What do you mean…?

〜ってどういうこと（意味）？

相手の言うことに「それってありえるの？」「今、冗談言ってるの？」と聞き返すときに使うパターンです。What do you mean の後ろには「主語＋動詞」を続けます。

類似パターン How can you (not) + 動詞？「どうやってそんなことができるの？」と言い換えます。たとえば、下の最初の例文は How can you not know? と言い換えられます。

step 1 パターントレーニング

知らないってどういうこと？	**What do you mean you don't know?**
来られないってどういうこと？	**What do you mean you can't come?**
終わらなかったってどういうこと？	**What do you mean you didn't finish?**
忘れたってどういうこと？	**What do you mean you forgot?**
辞めたってどういうこと？	**What do you mean you quit?**

step 2 パターンリアル会話

A まだ終わってないってどういうこと？

B **You see… Something came up* yesterday.**

A **Still*! We're doing our presentation today!**

B **I'm really sorry!**

A **What do you mean you're not done yet?**
B ほら……昨日、ちょっと用事ができちゃってさ。
A まだそんなこと言ってるの！ プレゼンするのは今日なのよ！
B 本当に悪かったよ！

Tips!

*「何かあった」と言うときは come up を使って Something came up. と言います。

* still といったら「まだ」という意味ですが、ほかにも会話では「それでもそうだよ」という意味でもよく使われます。

step 3 パターンでチャレンジ

できないってどういうこと？

⇨ ______________________________

MP3 pattern 078

What do(es) ~ know (about…)?

～に…の何がわかるって言うの？

「～は何もわかってないよ」といったニュアンスを表す場合に使うパターンです。会話では普通、主語を強調して言います。たとえば、What do you know about me?（あなたに私の何がわかるって言うの？）なら、you を強調します。

類似パターン 主語＋ know(s) nothing (about…) ～は（…について）何も知らない

step1 パターントレーニング

きみに何がわかるって言うの？	**What do you know?**
きみにファッションの何がわかるって言うの？	**What do you know about fashion?**
きみに人生の何がわかるって言うの？	**What do you know about life?**
彼女にサッカーの何がわかるって言うの？	**What does she know about soccer?**
彼に信頼の何がわかるって言うの？	**What does he know about trust?**

step2 パターンリアル会話

A **I love Hannah with all my heart!**

B **You're 13 years old.** あなたに愛の何がわかるって言うの？

A **I may be young, but I'm serious.**

B **We'll see about that* in a month.**
If you two are still together, you win.

A 僕はハンナのことを心から愛しているんだ。
B あなたは 13 歳なのよ。**What do you know about love?**
A 僕は若いかもしれないけど、本気なんだ。
B 1カ月後の見てのお楽しみね。もしあなたたち2人がまだ一緒にいれば、あなたの勝ちね。

Tips!
* We'll see about that. は「思ったとおりになるかみてみよう」という意味です。または「絶対そんなことはさせない」という意味でも使います。

step3 パターンでチャレンジ

きみに僕の家族の何がわかるっていうんだ？

⇒ ______________________________

Unit
12
when & where

Q. 次の文を英語で言えますか？

- あなたはいつ来たの？
  _______ come?
- あなたはいつ出発するの？
  _______ leaving?
- 最後に私たちが話したのはいつだっけ？
  _______ we talked?
- いつからあなたは気にしてるの？
  _______ care?
- 男子用トイレはどこ？
  _______ the men's room?
- どこであなたに連絡が取れますか？
  _______ reach you?
- どこでそれを手に入れたの？
  _______ get it?

解答 When did you / When are you / When was the last time / Since when do you / Where is / Where can I / Where did you

MP3 pattern 079

When did you...?

いつ〜したの？

「いつ戻ってきたの？」「いつ電話したの？」のように過去の動作の時点を聞くときに使います。とても活用頻度が高いので必ず覚えておきましょう。

類似パターン What time did you...?

step1 パターントレーニング

いつここに到着したの？	**When did you get here?**
いつ私に電話したの？	**When did you call me?**
いつ引っ越したの？	**When did you move?**
いつ寝たの？	**When did you go to bed?**
いつ転職したの？	**When did you switch jobs?**

step2 パターンリアル会話

A Hey. I haven't seen you in a while.

B I moved to the accounting department.

A I never knew! いつ異動したの？

B A month ago.

A ねえ、しばらく見かけなかったじゃない。
B 経理部に異動になったんだ。
A 知らなかった！ **When did you move?**
B 1カ月前だよ。

step3 パターンでチャレンジ

いつそのことを聞いたの？

⇒ ______________________________

When are you -ing?

いつ～するの？

計画を聞くときに使うパターンです。計画を表す場合には be going to がよく使われますが、もっと簡単に進行形でも表現できるということを覚えておきましょう。

類似パターン When are you going to...? ‖ When do you plan to...? ‖ When will you...?

step1 パターントレーニング

いつ出発するの？	**When are you leaving?**
いつ戻ってくるの？	**When are you coming back?**
いつ結婚するの？	**When are you getting married?**
いつ TOEIC を受けるの？	**When are you taking the TOEIC?**
今日はいつ仕事が終わるの？	**When are you getting off work today?**

step2 パターンリアル会話

A **I heard you're going to the States.**

B **I'm going to New York on business.**
I'll be away for a week.

A いつ出発するの？

B **Tomorrow, actually.**
Do you want me to get something for you there?

A アメリカに行くって聞いたわよ。
B 出張でニューヨークに行くんだ。1週間留守にするよ。
A **When are you leaving?**
B 明日なんだよ、実は。向こうで何か買ってきてほしい？

step3 パターンでチャレンジ

いつ引っ越し祝いをするの？

⇒ ______________________ (housewarming party)

MP3
pattern 081

When was the last time...?

最後に～したのはいつ？

「最後に～したのっていつ？」と言う場合には last time を使って、When was the last time...? と言います。last time の後ろには「主語＋動詞」を続けて、動詞は過去形を使います。

類似パターン When did ＋主語＋ last ＋動詞？

step1 パターントレーニング

最後に彼に会ったのはいつ？ **When was the last time you saw him?**

最後に本を読んだのはいつ？ **When was the last time you read a book?**

最後に僕たちが話したのはいつ？ **When was the last time we talked?**

最後に彼から連絡があったのはいつ？ **When was the last time you heard from him?**

最後に買い物に行ったのはいつ？ **When was the last time you went shopping?**

step2 パターンリアル会話

A **How's Masato doing? I haven't seen him for ages!**

B **He's doing okay. We talk once in a while.**

A 最後に彼から連絡があったのはいつ？

B **A couple of months ago. He went to Canada to study English.**

A マサトはどうしてる？　もうずいぶん彼には会ってないわ！
B 元気にやってるよ。たまに話すんだ。
A **When was the last time you heard from him?**
B 2、3カ月前かな。カナダに英語の勉強をしに行ったよ。

step3 パターンでチャレンジ

最後にお寿司を食べたのはいつ？

⇒ ________________

MP3 pattern 082

Since when do you...?

いつから~してるの？

「いつから～するようになったの？」と皮肉をこめたニュアンスで使います。現在時制以外にも、過去時制 Since when did you...?、現在完了時制 Since when have you p.p...? でも使います。言うときは you を強調して発音します。

類似パターン You've never p.p. before.「一度も~したことないくせに」と言い換えます

＊p.p. は過去分詞（past participle）を指します

step 1 パターントレーニング

いつから気にかけるようになったの？ **Since when do you care?**

いつからゴルフをするようになったの？ **Since when do you play golf?**

いつから私の許可を求めるようになったの？ **Since when do you ask for my permission?**

いつから私の言うことを聞いていたの？ **Since when did you listen to me?**

いつから私の気持ちを気にかけていたの？ **Since when did you care about my feelings?**

step 2 パターンリアル会話

A **So are we okay? I don't want to hurt your feelings.**

B いつから私の気持ちを気にするようになったの？

A **What are you talking about? Of course I care.**

B **No, you always put yourself first.***

A もう大丈夫かい？　きみの気持ちを傷つけたくないんだ。
B **Since when do you care about how I feel?**
A 何言ってるんだよ。もちろん気にかけてるさ。
B ウソよ、あなたはいつだって自分のことを優先させるじゃない。

Tips!
* put ... first は「～を優先して考える、～をいちばん大事に考える」という意味です。

step 3 パターンでチャレンジ

いつから私たちの友情を大切にするようになったの？

⇒ ______________________________ (value)

MP3 pattern 083

Where is...?

～はどこ？

誰かを探したり、ものを探したりするときに使う基本的なパターンです。

類似パターン Where can I find…?

step1 パターントレーニング

キャロラインはどこ？ **Where is Caroline?**

列はどこ？ **Where is the line?**

ガソリンスタンドはどこ？ **Where is the gas station?**

地下鉄の駅はどこ？ **Where is the subway station?**

最寄りのコンビニはどこ？ **Where is the nearest convenience store?**

step2 パターンリアル会話

A **Excuse me,** 最寄りの薬局はどこですか？

B **It's just around the corner.**
But it's probably closed.

A **Do you know any pharmacy that's open right now?**

B **There's another one that way.**
It's open 24/7.*

A すみません、**where is the nearest pharmacy?**
B すぐそこにありますよ。でも、閉まってるかもしれません。
A 今も開いている薬局をご存じないですか？
B あっちにもう一軒ありますよ。そこは 24 時間営業です。

Tips!

* 24/7 は「1 日 24 時間、1 週間に 7 日」という意味でお店がいつも開いてるという意味で使います。

step3 パターンでチャレンジ

バス停はどこですか？

⇒ ______________________________

MP3 pattern 084

Where can I...?

どこで〜できますか？/ どこで〜すればいいですか？

何かをやりたいけれどもどこでやればいいかよくわからないときに使うパターンです。ていねいな表現なので見知らぬ間柄の人に使います。

類似パターン Where do I...?

step1 パターントレーニング

どこであなたに連絡が取れますか？	**Where can I reach you?**
どこであなたに会えますか？	**Where can I see you?**
どこでチケットを買えますか？	**Where can I buy tickets?**
どこで応募できますか？	**Where can I apply?**
どこに女性用トイレがありますか？	**Where can I find the ladies' room?**

step2 パターンリアル会話

A 試着室はどこですか？

B **Down that way.**

A **How many items can I take into the fitting room?**

B **5 is the maximum.**

A **Where can I find the fitting room*?**
B あちらをまっすぐお進みください。
A 試着室には何着まで持ち込めますか？
B 5着までです。

Tips!
* fitting room は洋服屋さんにある試着室を意味します。fitting room のほかにも change room、dressing room とも言います。

step3 パターンでチャレンジ

コピー機はどこにありますか？

⇒ ______________________________ (photocopier)

MP3 pattern 085

Where did you…?

どこで~したの？

「その髪型どこでやったの？」などと聞くときに使えるパターンです。

step 1 パターントレーニング

どこでそれを読んだの？	**Where did you read that?**
どこでそれを聞いたの？	**Where did you hear that?**
どこでネイルをやってもらったの？	**Where did you get your nails done?**
どこで髪を切ってもらったの？	**Where did you get your haircut?**
どこでそれを手に入れたの？	**Where did you get it?**

step 2 パターンリアル会話

A どこでそのパーマやってもらったの？ **It looks lovely!**

B **At a salon near my house.**

A **What did you tell the stylist?**
When I go to a salon, it's so hard to explain what I want.

B **I just took a clipping from a magazine and said, "I want my hair like this, please."**

A **Where did you get that perm?** かわいい！
B 家の近くの美容室よ。
A 美容師さんに何て言ったの？　美容室に行ってどういうふうにしてもらいたいか説明するのがとても大変なの。
B ただ雑誌の切り抜きを持ってって「こんなふうにしてください」って言っただけよ。

step 3 パターンでチャレンジ

どこでその本を手に入れたの？

⇒ ＿＿＿＿＿＿＿＿＿＿＿＿＿＿＿＿＿＿ (get that book)

Unit

13

why

Q. 次の文を英語で言えますか？

- どうして私にウソをついたの？

  ＿＿＿＿＿ lie to me?

- どうして彼女のことが好きじゃないの？

  ＿＿＿＿＿ like her?

- どうして電話してくれなかったの？

  ＿＿＿＿＿ call me?

- どうしてそんなに忘れっぽいの？

  ＿＿＿＿＿ forgetful?

- どうしてそんなにケチケチしてるの？

  ＿＿＿＿＿ mean?

- どうして働いてないの？

  ＿＿＿＿＿ working?

- どうして後でやっちゃダメなの？

  ＿＿＿＿＿ do it later?

- どうしてきみに言わなきゃいけないの？

  ＿＿＿＿＿ tell you?

解答 Why did you / Why don't you / Why didn't you / Why are you so / Why are you being so / Why aren't you / Why can't I / Why should I

MP3 pattern 086

Why did you...?

どうして～したの？

「なんであんなことしたの？」と理由を聞くときに使う基本的なパターンです。活用頻度がとても高い重要パターンです。

類似パターン What did you... for?

step1 パターントレーニング

どうしてそんなことしたの？	**Why did you do that?**
どうして賛成したの？	**Why did you agree?**
どうしてそんなこと言ったの？	**Why did you say that?**
どうして別れちゃったの？	**Why did you break up?**
どうして昨日はそんなに夜ふかししたの？	**Why did you stay up so late last night?**

step2 パターンリアル会話

A どうして私にウソついたのよ？

B I didn't mean to. I just didn't want you to get hurt.

A This hurts me even more.

B I realize that now. I won't do it again. I promise.

A **Why did you lie to me?**
B そんなつもりじゃなかったんだ。ただきみを傷つけたくなかったんだよ。
A もっと傷ついたわ。
B ようやくそのことがわかったよ。もう二度としない。約束するよ。

step3 パターンでチャレンジ

どうしてそんなに飲んだの？

⇒ ______________________________

MP3 pattern 087

Why don't you...?

どうして〜しないの？

「なんで〜しないの？」と相手を追及するときや、単純に気になって聞くときなどに使うパターンです。Why don't you...? は「〜するのはどう？」という提案の意味でもよく使われますが（p.164）、このように「どうして〜しないの？」と聞くときにも使われます。

類似パターン How come you don't...?

step1 パターントレーニング

どうして私の話を聞かないの？ **Why don't you listen to me?**

どうして私のことが好きじゃないの？ **Why don't you like me?**

どうして彼氏がいないの？ **Why don't you have a boyfriend?**

どうしてジェーンと話さないの？ **Why don't you talk to Jane?**

どうして子どもが欲しくないの？ **Why don't you want kids?**

step2 パターンリアル会話

A **I can't do it anymore. Why is life so hard?**

B **You always give up so easily.**
どうして精一杯がんばってみないの？

A **I've already done my best.**

B **Come on. You can do better than that.**

A もうこれ以上できないわ。人生ってどうしてこんなにキビシイの？
B きみはいつだってそうやって簡単にあきらめるんだ。
Why don't you try your best?
A もうがんばったもん。
B おいおい。きみならもっとできるよ。

step3 パターンでチャレンジ

どうして彼とデートしたくないの？

⇒ ________________________________ (date)

MP3 pattern 088

Why didn't you...?

どうして～しなかったの？

相手が過去にやったことに対して「なんで～しなかったの？」と理由を聞くときや、単純に気になって聞きたいときなどに使うパターンです。

類似パターン How come you didn't...?

step1 パターントレーニング

どうしてそう言わなかったの？	**Why didn't you say so?**
どうして私のところに来なかったの？	**Why didn't you come to me?**
どうして電話してくれなかったの？	**Why didn't you call me?**
どうして起こしてくれなかったの？	**Why didn't you wake me?**
どうして何も言ってくれなかったの？	**Why didn't you tell me anything?**

step2 パターンリアル会話

A どうして昨日の夜、電話に出てくれなかったの？
I called you like 5 times!

B You did? When?

A Around 11.

B Oh. My phone was dead* then.

A **Why didn't you pick up last night?** 5回も電話したのに！
B 電話した？ いつ？
A 11時くらい。
B ああ。そのころ携帯のバッテリーが切れてたんだ。

Tips!
* バッテリーが切れて動かないときは die や dead を使って表現します。たとえば、「携帯のバッテリーが切れた」は My phone died. となります。

step3 パターンでチャレンジ

どうして彼をパーティーに招待しなかったの？

⇒ ________________________________ (invite)

MP3 pattern 089

Why are you so...?

どうしてそんなに～なの？

相手の状態や性格に対して、「どうしてきみはそんなに～なの？」と聞くときに使います。Why are you so...? の後ろには形容詞が続きます。

類似パターン What's the reason (that) you're so...? ‖ What makes you so...?

step 1 パターントレーニング

どうしてそんなに落ち込んでるの？ **Why are you so down?**

どうしてそんなにふさぎこんでるの？ **Why are you so depressed?**

どうしてそんなに元気なの？ **Why are you so cheerful?**

どうしてそんなに汗かいてるの？ **Why are you so sweaty?**

どうしてそんなにバカ正直なの？ **Why are you so naive?**

naive バカ正直な

step 2 パターンリアル会話

A Did you ask for an extension to the professor?

B Oops. I forgot.

A どうしてそんなに忘れっぽいの？ You have to ask him tomorrow!

B Okay, I will.

A 教授に締め切りを延ばしてもらうようお願いしたの？
B いけね。忘れてた。
A **Why are you so forgetful?** 明日は頼まなきゃダメよ！
B わかったよ、頼んでみるよ。

step 3 パターンでチャレンジ

どうしてそんなに批判的なの？

⇒ ______________________________ (judgmental)

MP3
pattern
090

Why are you being so...?

どうしてそんなに〜しているの？

Why are you so...? が相手の状態や性格に対してたずねる言葉だとしたら、Why are you being so...? は「どうしてきみはそんなふうに〜するの？」と現在の態度についてたずねる場合に使います。

類似パターン Why are you acting so...?

step1 パターントレーニング

どうしてそんなに大人げないの？	**Why are you being so childish?**
どうしてそんなに私にやさしくするの？	**Why are you being so nice to me?**
どうしてそんなに今日はケチケチしてるの？	**Why are you being so mean today?**
どうしてそんなに気難しくしてるの？	**Why are you being so difficult?**
どうしてそんなに悲観的になってるの？	**Why are you being so negative?**

step2 パターンリアル会話

A **Here's your coffee, just the way you like it.**

B なんでまたいきなりそんなに親切なの？

A **What, I can't be nice to my co-worker?**

B **Not you.**
When you're being nice, it means you want something.

A はいコーヒー、あなた好みにしてあるわよ。
B **Why are you being so nice all of a sudden?**
A 何よ、同僚に親切にしちゃいけないわけ？
B きみの場合はね。きみが親切なときは、何かしてもらいたいってことだから。

step3 パターンでチャレンジ

どうしてそんなに身構えてるの？

⇒ ________________________________ (defensive)

MP3
pattern 091

Why aren't you -ing?

どうして〜してないの？

やるべきことをやってない人に「どうして〜してないの？」と言うときに使うパターンです。

類似パターン How come you're not -ing?

step1 パターントレーニング

どうして眠ってないの？	**Why aren't you sleeping?**
どうして勉強してないの？	**Why aren't you studying?**
どうして笑ってないの？	**Why aren't you laughing?**
どうして宿題してないの？	**Why aren't you doing your assignment?**
どうして何も言ってないの？	**Why aren't you saying anything?**

step2 パターンリアル会話

A なんで宿題やってないの？

B I don't feel up to it.* I'm tired.

A But it's due on Monday.
You haven't even started!

B I can do it tomorrow.

Tips!
* feel up to... は「〜をやる気だ」という意味です。feel like... とも表現できるので覚えておきましょう。

A **Why aren't you doing your homework?**
B やる気がしなくて。疲れたよ。
A でも、月曜まででしょ。まだ手もつけてないじゃないのよ！
B 明日やるよ。

step3 パターンでチャレンジ

どうして私の話を聞いてないの？

⇨ ______________________________ (listen to)

MP3 pattern 092

Why can't I...?

どうして～しちゃダメなの？/ どうして～できないんだろう？

「～するな」と言われて、それに抗議したい場合は Why can't I...? というパターンを使います。また、パソコンが作動しなかったり、何かが思い出せなくて「なんで～できないんだろう？」というときにも使えます。

類似パターン Why shouldn't I...? ‖ Why am I not allowed to...?

step 1 パターントレーニング

どうして最初にこれをやっちゃダメなの？ **Why can't I do this first?**

どうして最後に行っちゃダメなの？ **Why can't I go last?**

どうしてここに印刷できないの？ **Why can't I print here?**

どうして今出かけちゃダメなの？ **Why can't I leave now?**

どうしてログインできないの？ **Why can't I log in?**

step 2 パターンリアル会話

A **Last night was a blast*!**

B どうして何も思い出せないんだろう？

A **You got wasted* and passed out* on the sidewalk.**

B **Who took me home, then?**

A 昨日の夜は楽しかった！
B **Why can't I remember anything?**
A 酔っぱらって、歩道で倒れてたのよ！
B じゃあ、誰が家に連れて来てくれたんだろう？

Tips!

* blast は「とても楽しい時間」を意味します。例：I had a blast!（とても楽しかった！）

* wasted は「酔っぱらった」という意味の会話表現です。

* pass out は「気絶する、気を失う」という意味です。お酒を飲んで記憶がなくなったという意味で使えます。

step 3 パターンでチャレンジ

どうしてきみのパートナーになれないんだろう？

⇒ ________________________________ (be one's partner)

pattern 093

Why should I...?

どうして～しなきゃいけないの？

やりたくないことをするように相手が不当に要求してくる場合、Why should I...?のパターンを使ってその理由を聞きます。

類似パターン Why do I have to...? ‖ I have no reason to... 「なんで私が～しなければならないの？」は「私が～する理由はない」と言い換えられます。

step1 パターントレーニング

彼に謝ら	apologize to him
あなたの言うことを聞か	listen to you
謝ら	say sorry
気にかけ	care
彼女の手伝いを	help her

step2 パターンリアル会話

A You go tell him.

B

A You're gutsy.
You always speak your mind.

B All right, then. You're all cowards.

A あなたが彼に言いなさいよ。

B

A あなたは度胸があるからよ。いつもはっきりものを言うし。

B わかったよ。じゃあ、みんなヘタレなんだから。

Tips!

* gutsyは「勇気のある、根性がある」という意味で会話でよく使います。「根性がある」はbe gutsyとかhave gutsと言います。

* speak one's mindは「思っていることをそのまま言う」「言いたいことを堂々と言う」という意味です。

step3 パターンでチャレンジ

なんできみのアドバイスを聞かなきゃいけないの？

⇒ ______

Unit

14

how

Q. 次の文を英語で言えますか？

- テストはどうだった？
  ＿＿＿＿ the test?
- どうやってそこに行くの？
  ＿＿＿＿ go there?
- どうやっておたがい知り合ったの？
  ＿＿＿＿ each other?
- どうして言ってくれなかったの？
  ＿＿＿＿ you didn't tell me?
- 新しい髪型のことどう思う？
  ＿＿＿＿ my new hair?
- どうして私の誕生日を忘れられるの？
  ＿＿＿＿ forget my birthday?
- どうしてそんなこと知ってなくちゃいけないの？
  ＿＿＿＿ that?

解答　How was / How do I / How do you know / How come / How do you feel about / How could you / How am I supposed to know

MP3 pattern 094

How was...?

~はどうだった？

「面接どうだった？」「デートどうだった？」のように、状況や結果をたずねるときにHow was...? のパターンを使います。

類似パターン How did...go? ‖ What was...like?

step1 パターントレーニング

デートはどうだった？	**How was your date?**
映画はどうだった？	**How was the movie?**
試験はどうだった？	**How was your exam?**
面接はどうだった？	**How was your job interview?**
イタリア旅行はどうだった？	**How was your trip to Italy?**

step2 パターンリアル会話

A 新しいレストランはどうだった？

B It was horrible.
The service was okay, but the food was really bad.

A Really? I was planning on going there this weekend.

B Cancel and go somewhere else.

A **How was the new restaurant?**
B ひどかったよ。サービスはまあまあだったけど、料理がすごくマズかった。
A 本当に？ 今度の週末に行こうと思ってたのに。
B キャンセルして、どこか他の店に行ったほうがいいよ。

step3 パターンでチャレンジ

L.A. の天気はどうだった？

⇒ ______________________________

MP3 pattern 095

How do I...?

どうやって〜するの？

何をどうすればいいのかわからないときには、How do I...? のパターンを使って聞くことができます。

類似パターン How can I...? ‖ How am I supposed to...?

step1 パターントレーニング

どうやってそれをダウンロードするの？ **How do I download that?**

どうやってあなたの家へ行くの？ **How do I get to your house?**

どうやってこの方程式を解くの？ **How do I solve this equation?**

どうやってオリンピック公園へ行くの？ **How do I get to the Olympic Park?**

どうやってエアコンをつけるの？ **How do I turn on the air conditioner?**

step2 パターンリアル会話

A 動画を YouTube にアップするにはどうすればいいの？

B **I don't know.**

A **Do you know anyone who does?**
I promised my friend I would post it tonight.

B **Ask Bill. He's on YouTube all day. He probably knows.**

A **How do I upload a video to YouTube?**
B 知らないな。
A 誰かやり方わかる人知らない？　今日の夜にアップするって友だちに約束しちゃったのよ。
B ビルに聞いてみたら。あいつは１日中 YouTube 見てるからね。たぶん知ってるよ。

step3 パターンでチャレンジ

Windows 8 をインストールするにはどうすればいいの？

⇒ ______________________________ (install)

MP3 pattern 096

How do you know...?

どうして〜を知ってるの？

相手に「どうして〜を知ってるの？」と聞くときに使うパターンです。How do you know...? の後ろには代名詞や名詞、名詞節が続きます。名詞節が続く場合は that や if といった接続詞の後ろに「主語＋動詞」を使います。

類似パターン How is it that you know...?

step1 パターントレーニング

どうして彼女のことを知ってるの？	**How do you know her?**
どうしておたがい知ってるの？	**How do you know each other?**
どうしてそんなにコンピュータのことを知ってるの？	**How do you know so much about computers?**
どうして彼女があなたのことを好きだってわかるの？	**How do you know that she likes you?**
どうしてそれが本当だってわかるの？	**How do you know if it's true?**

step2 パターンリアル会話

A **Thanks for helping me. You're a lifesaver.***

B **It's no trouble.**

A どうしてそんなにコンピュータのことを知ってるの？

B **My brother is a computer whiz.***

A 手伝ってくれてありがとう。あなたは命の恩人よ。
B どういたしまして。
A **How do you know so much about computers?**
B 兄貴がコンピュータの達人なんだよ。

Tips!

* lifesaver は「困難や災難時に役に立つ人、または物」を意味します。

* whiz は「達人、ベテラン」という意味で、何かがすごく上手な人を指す単語です。たとえば、「数学がすごく得意な人」のことは math whiz と言います。

step3 パターンでチャレンジ

どうしてそんなに彼女のことを知ってるの？

⇒ ________________________________

MP3
pattern
097

How come...?

どうして～？

理由を聞くときにWhy以外にもよく使われるのがHow comeです。How comeの後ろに「主語+動詞」を使って「どうして～？」と相手に理由をたずねます。

類似パターン Why...? How comeと違ってWhyの後ろには「動詞+主語」が来ます。たとえば、下の最初の例文はWhy didn't you tell me? となります。

step1 パターントレーニング

どうして私に言ってくれなかったの？	**How come you didn't tell me?**
どうして今日はそんなに機嫌が悪いの？	**How come you're so grumpy today?**
どうしてそんなにソワソワしてるの？	**How come you're so nervous?**
どうして電話してくれなかったの？	**How come you didn't call me?**
どうして来なかったの？	**How come you didn't show up?**

grumpy 不機嫌な | show up 現れる、姿を見せる

step2 パターンリアル会話

A **Did you hear? Cindy and Ryan are a couple!**

B **Since when?**

A **Since yesterday.**
Everyone's seen them together this morning.

B **I didn't see them.** どうしていつも僕が最後に気がつくんだろう？

A 聞いた？ シンディとライアンが付き合ってるんだって！
B いつから？
A 昨日から。今朝、ふたりが一緒にいるのをみんな見たの。
B 僕は見なかったな。**How come I'm always the last one to find out?**

step3 パターンでチャレンジ

どうしてそんなに機嫌が悪いの？

⇒ ________________________________ (bad mood)

MP3
pattern 098

How do you feel about...?

~のことどう思う？

相手の意見を聞くときに使える便利なパターンです。about が前置詞なので、後ろには名詞や動詞の ing 形を使います。

類似パターン What do you think about...? 動詞 feel は how と一緒に使われますが、動詞が think に変わると what を使います。

step1 パターントレーニング

新しい上司のことどう思う？	**How do you feel about** the new boss?
新しい髪型のことどう思う？	**How do you feel about** my new hairstyle?
選挙の結果についてどう思う？	**How do you feel about** the election results?
死刑についてどう思う？	**How do you feel about** capital punishment?
彼と一緒に働くことをどう思う？	**How do you feel about** working with him?

step2 パターンリアル会話

A 新しい上司のことどう思う？

B I think he's okay.

A Really? I think he seems a little conceited.*

B I agree, but he's still better than our last boss.

A **How do you feel about our new boss?**
B まあまあだと思うよ。
A 本当？ ちょっとうぬぼれてるように思うけど。
B それは認めるけど、それでも前の上司に比べたらましだよ。

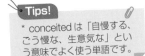

Tips!
* conceited は「自慢する、ごう慢な、生意気な」という意味でよく使う単語です。

step3 パターンでチャレンジ

私のことどう思う？

⇒ ______________________________

MP3 pattern 099

How could you…?

どうして～できるの？

相手が信じられない行動をして、「どうしてあんなことができるの？」と聞くときに使える便利なパターンです。

類似パターン How dare you...!「よくもまあ…！」（もっと強い感じ）‖
I can't believe that you...「あなたが～したなんて信じられない！」

step1 パターントレーニング

どうして私にウソがつけるの？	**How could you** lie to me?
どうしてこんなふうに私のことを裏切れるの？	**How could you** betray me like this?
どうしてお父さんに口答えができるの？	**How could you** talk back to your dad?
どうしてそんなことが言えるの？	**How could you** say something like that?
どうして私の誕生日を忘れられるの？	**How could you** forget my birthday?

step2 パターンリアル会話

A Honey, do you know what today is?
B I don't know… Wednesday?
A It's our one-month anniversary*!
よくもまあ忘れられるものね？
B Of…, of course I remember! I was joking. I made plans already.

Tips!
* anniversary は「記念日」を意味します。結婚記念日やカップルの記念日などに使えます。

A ねえ、今日が何の日か知ってる？
B わからないな…水曜日だっけ？
A 付き合い始めて１カ月の記念日じゃないの！ **How could you forget?**
B も、もちろん、覚えてるさ！　からかったんだよ。もう計画は立ててあるよ。

step3 パターンでチャレンジ

どうしてこんなことが私にできたの？

⇒ ________________________________

MP3 pattern 100

How am I supposed to know…?

どうして私が～を知らなきゃいけないわけ？

「なんでそんなことを私に聞くのか」「そんなの私にわかるわけない」というニュアンスで使います。後ろには名詞類が続きます。be supposed to（～するはずだった）はネイティブがよく使う表現なので覚えておきましょう。

類似パターン How should I know...? ‖ How do I know...?

step1 パターントレーニング

どうして私が知らなきゃいけないわけ？	**How am I supposed to know?**
どうして私が答えを知らなきゃいけないわけ？	**How am I supposed to know the answer?**
どうして私が理由を知らなきゃいけないわけ？	**How am I supposed to know the reason?**
どうして私がジェイがウソをついた理由を知らなきゃいけないわけ？	**How am I supposed to know why Jay lied?**
どうして私が彼がほしいものを知らなきゃいけないわけ？	**How am I supposed to know what he wants?**

step2 パターンリアル会話

A **Is Hannah seeing someone?**

B どうして私がそんなこと知ってなくちゃならないわけ？ **Why do you want to know, anyway?**

A **She's totally my type. But my friend saw her with a man.**

B **Well, there's only one way to find out. Ask her yourself.**

A ハンナは誰かと付き合ってるのかな？
B **How am I supposed to know that?** なんで知りたいの、そもそも？
A 彼女、ものすごく僕のタイプなんだ。でも、友だちが彼女が男と一緒にいるのを見たって言うから。
B まあ、確かめる方法はひとつね。自分で彼女に聞いてみなさいよ。

step3 パターンでチャレンジ

どうして私が彼女が結婚してるかどうか知らなきゃいけないわけ？

⇒ ____ (if)

15

how＋形容詞／副詞

Q. 次の文を英語で言えますか？

- これ
  ＿＿＿＿＿ this?
- 外食
  ＿＿＿＿＿ eat out?
- ここに着く
  ＿＿＿＿＿ you get here?
- ここに住んでるの
  ＿＿＿＿＿ lived here?
- これを修理するのに
  ＿＿＿＿＿ fix this?
- 飲んだの？
  ＿＿＿＿＿ drinks did you have?
- 時間をかけたの？
  ＿＿＿＿＿ time did you spend?

解答 How much is / How often do you / How soon can / How long have you / How long does it take to / How many / How much

MP3 pattern 101

How much is...?

～はいくらですか？

値段を聞くときに使う基本的なパターンのひとつです。How much is...? の後ろには値段を知りたいものやサービスが続きます。

類似パターン How much does...cost?

step 1 パターントレーニング

iPad はいくらですか？	**How much is the iPad?**
ジムの会員費はいくらですか？	**How much is the gym membership?**
ここのヘアカット料はいくらですか？	**How much is a haircut here?**
バスの運賃はいくらですか？	**How much is the bus fare?**
往復の切符はいくらですか？	**How much is a round-trip ticket?**

step 2 パターンリアル会話

A このジムの会員費はいくらですか？

B **It's 20,000 yen a month.**

A **That's pretty expensive.**
Do you offer any free trials?

B **We offer a one-day free trial session.**
You can sign up* here.

A **How much is the membership fee at this gym?**

B 月２万円です。

A かなり高いですね。無料体験レッスンはありますか？

B １日無料体験セッションがございます。こちらでお申込できます。

Tips!

* sign up は「申し込む」という意味で web でアカウントを作るときや、どこかに加入したり登録をしたりするときにも使います。

step 3 パターンでチャレンジ

駐車料金はいくらですか？

⇒ ________________________________ (parking fee)

MP3
pattern 102

How often do you...?

どのくらいよく〜するの？

often は「よく、頻繁に」という意味で、相手に何かをどれくらい頻繁にやっているのかと聞くときには How often do you...? のパターンを使います。

類似パターン How frequently do you...?

step1 パターントレーニング

どのくらいよく外食する？	**How often do you** eat out?
どのくらいよく映画に行く？	**How often do you** go to the movies?
どのくらいよく運動する？	**How often do you** exercise?
どのくらいよくツイートする？	**How often do you** tweet?
どのくらいよくジムに行く？	**How often do you** go to the gym?

step2 パターンリアル会話

A どのくらいよくツイートする？

B I don't use Twitter.

A Are you serious?
Everyone's on Twitter nowadays.

B I used to tweet a lot, but I lost interest.

A **How often do you tweet?**
B ツイッターはやってないんだ。
A ウソでしょ？　今はみんなツイッターやってるわよ。
B 前はよくツイートしてたんだけど、興味がなくなっちゃって。

step3 パターンでチャレンジ

どのくらいよくミュージカルを観る？

⇒ ________________________ (watch musicals)

MP3 pattern 103

How soon can...?

どのくらいで〜できる？

「これどれくらい早くできるの？」と言う場合、soon を使って How soon can you do this? と聞くことができます。気が短い人がよく使うパターンですね!?

類似パターン How fast can....? ‖ How quickly can...?

step1 パターントレーニング

どのくらいでここに着く？	**How soon can** you get here?
どのくらいでそれを返してもらえる？	**How soon can** I get it back?
どのくらいで仕事が終わる？	**How soon can** you get off work?
どのくらいで注文したものを届けてもらえますか？	**How soon can** you deliver my order?
どのくらいでそれを机に置いといてもらえる？	**How soon can** you have it on my desk?

step2 パターンリアル会話

A **I'm afraid I won't be able to meet the deadline.**

B **That's going to be a problem.** どのくらいで終わる？

A **Tomorrow morning at the earliest.**

B **That won't work... I need it today.**
You're going to have to work overtime.

A 締め切りに間に合わないんじゃないかと思って。
B それはマズイよ。**How soon can you get it done?**
A 早くても明日の朝ね。
B それは困ったな…今日必要なんだ。きみは残業しなくちゃならないね。

step3 パターンでチャレンジ

どのくらいでこのノートパソコンを修理できますか？

⇒ ________________________________ (fix | laptop)

MP3 pattern 104

How long have you p.p.?

どのくらい～してるの？

何かをやってからどれくらい時間が経っているのかと聞くときには How long have you...? のパターンを使います。過去から今までずっと続けてきたことについて聞いているので、have p.p.（過去分詞）の現在完了形が使われています。

類似パターン Since when have you p.p.? いつから～したの？

step 1 パターントレーニング

どのくらいここに住んでるの？ **How long have you lived here?**

どのくらい彼と一緒にいるの？ **How long have you been with him?**

どのくらい別居してるの？ **How long have you been separated?**

どのくらいそこで働いてるの？ **How long have you worked there?**

どのくらい日本にいるの？ **How long have you been in Japan?**

step 2 パターンリアル会話

A **You and your boyfriend make such a cute couple.***

B **Do you really think so?**

A **I can tell you guys love each other.**
どのくらい付き合ってるの？

B **It'll be three years next month.**

A きみと彼氏はお似合いのカップルだね。
B 本当にそう思う？
A きみたちが愛し合ってるのがわかるよ。
How long have you been together?
B 来月で３年になるわ。

Tips!

* make a cute couple は「お似合いのカップル」という意味です。You make a cute couple. または You are a cute couple. というと「2 人はお似合いで、幸せそうにしている」という意味になります。

step 3 パターンでチャレンジ

結婚してどのくらい？

⇒ ____________________

MP3
pattern 105

How long does it take to...?

～するのに（時間が）どのくらいかかる？

時間がどのくらいかかるか聞くときは take という動詞を使います。to の後ろには動詞の原形が続きます。

step 1 パターントレーニング

そこに着くのにどのくらいかかる？ **How long does it take to** get there?

会社までどのくらいかかる？ **How long does it take to** get to work?

写真を編集するのにどのくらいかかる？ **How long does it take to** edit the photo?

これを終わらせるのにどのくらいかかる？ **How long does it take to** finish this?

着替えるのにどのくらいかかる？ **How long does it take** (for) you to get dressed?

step 2 パターンリアル会話

A 学校に来るまでどのくらいかかる？

B It takes about an hour by car.

A You drive to school?

B I usually take the subway, though.*
I don't like driving in heavy traffic.*

A **How long does it take to get to school?**

B 車で１時間だね。

A 車で学校に来てるの？

B ふだんは地下鉄だけどね。渋滞のときに運転するのは好きじゃないから。

Tips!

* though は文の最後に付けることが多いですが、but と同じ意味です。会話でよく使われるので覚えておきましょう。

* heavy traffic は「交通渋滞」という意味です。traffic は「道路が混雑している」と言うときによく使います。たとえば、「道路が渋滞してて遅れた」は Traffic held me up. と言います。

step 3 パターンでチャレンジ

ラスベガスまで飛行機でどれくらいかかる？

⇨ ______________________________ (fly to)

MP3 pattern 106

How many＋名詞 ...?

いくつの～？

数えられるものに対してその数量を聞く場合には How many...? のパターンを使います。many のすぐ後ろには数えられる名詞が続いて、その後ろには did you have などの疑問文を続けます。

step1 パターントレーニング

何杯飲んだの？	**How many** drinks did you have?
何冊本を買ったの？	**How many** books did you buy?
何人パーティーに来たの？	**How many** people came to the party?
何カ国行ったことがあるの？	**How many** countries have you been to?
何人ツイッターのフォロワーがいるの？	**How many** followers do you have on Twitter?

step2 パターンリアル会話

A　Sorry. I still don't quite get it.

B　何回説明すりゃいいんだよ。

A　I'm sorry. I'm a little slow.

B　A little? Okay, this is the last time!

A　ごめん。まだよくわからないんだけど。
B　**How many times do I have to explain?**
A　悪いわね。ちょっと覚えが悪くて。
B　ちょっと？　まあいいや、これが最後だぞ！

step3 パターンでチャレンジ

何着スカート買ったの？

⇒ ＿＿＿＿＿＿＿＿＿＿＿＿＿＿＿＿＿＿＿＿

MP3 pattern 107

How much＋名詞 ...?

どれくらいの〜？

help、sleep、water、coffee のように数えられないものについて「どれくらいの〜？」と量を聞く場合には How much...? のパターンを使います。この場合も How many...? 同様、すぐ後ろに名詞を続けますが、many と違って数えられない名詞であることに注意してください。

step 1 パターントレーニング

どれくらい手伝ってもらったの？	**How much help did you get?**
今、どれくらいお金持ってる？	**How much money do you have now?**
どれくらい眠ったの？	**How much sleep did you get?**
どれくらいパソコンをやってたの？	**How much time did you spend on the computer?**
毎日、どれくらいコーヒーを飲むの？	**How much coffee do you drink every day?**

step 2 パターンリアル会話

A **I'm exhausted. I've been yawning all day.**

B 昨日はどれくらい眠ったの？

A **I couldn't sleep at all. I had to work on my report.**

B **It's a good thing today is Friday. You can sleep all weekend.**

A もうヘトヘト。1日中あくびばっかりしてるわ。
B **How much sleep did you get last night?**
A 一睡もしてないの。レポートをやらなきゃならなかったから。
B 今日が金曜日でよかったじゃない。週末はずっと寝てられるよ。

step 3 パターンでチャレンジ

いくら彼にお金を貸したの？

⇒ ＿＿＿＿＿＿＿＿＿＿＿＿＿＿＿＿＿＿＿＿ (lend)

PART 3

知ってる単語で言いたいことが言える！

シチュエーション別必須パターン

Unit

16

いろいろな感情表現

Q. 次の文を英語で言えますか？

- 本当のことを知ってショックだった。

　＿＿＿＿＿＿ know the truth.

- よろこんで手伝うよ。

　＿＿＿＿＿＿ help you.

- デートのことが心配なんだ。

　＿＿＿＿＿＿ my date.

- 彼氏に腹が立つ。

　＿＿＿＿＿＿ my boyfriend.

- ものすごく疲れた。

　＿＿＿＿＿＿ tired.

- これは本当にカッコイイ。

　＿＿＿＿＿＿ cool.

- ちょっと眠い。

　＿＿＿＿＿＿ sleepy.

- 出かける気分じゃない。

　＿＿＿＿＿＿ going out.

解答　I was shocked to / I'm willing to / I'm nervous about / I'm upset about / I'm totally / This is totally / I'm kind of / I don't feel like

Audio pattern 108

I was shocked to...

～してショックだった

驚いたときには I'm shocked. とか I was shocked. と言います。この後ろに to 不定詞を付けると、どんなことに対してショックを受けたのか説明することができます。

類似パターン I was so/very surprised to... ‖ It was a shock to...

step 1 パターントレーニング

その知らせを聞いてショックだった。	**I was shocked to hear the news.**
そこで彼を見つけてショックだった。	**I was shocked to find him there.**
本当のことを知ってショックだった。	**I was shocked to know the truth.**
彼がまだ 30 歳だと知ってショックだった。	**I was shocked to find that he is only 30.**
彼が他の女といるのを見てショックだった。	**I was shocked to see him with another woman.**

step 2 パターンリアル会話

A ダイアナが 35 歳だなんてショックだわ。

B **Seriously? She looks 25 at the most.**

A **I know! I thought she was around 25.**
She's even married and has a child!

B **You're kidding!**

A **I was shocked to find that Diana is 35.**
B マジで？　せいぜい 25 にしか見えないね。
A そうなのよ！　25 歳前後だと思ってたわ。それに結婚してて子どもまでいるのよ！
B ウソだろ！

step 3 パターンでチャレンジ

彼がクビになったと聞いてショックだった。

⇒ ________________________________ (be fired)

Audio pattern 109

I'm willing to...

喜んで～する / ～する覚悟がある

willing という単語はネイティブには親しみのある単語です。I'm willing to の後ろに動詞の原形を使うと、「喜んで何かをしたり」「～する覚悟がある」という意味になります。

類似パターン I would gladly... ‖ I'm ready to...

step 1 パターントレーニング

喜んでリスクを取る。	**I'm willing to take risks.**
喜んで彼のために働く。	**I'm willing to work for him.**
彼女のためなら喜んで何でもする。	**I'm willing to do anything for her.**
喜んでそれについて考える。	**I'm willing to think about it.**
私は手を汚す覚悟がある。	**I'm willing to get my hands dirty.**

get one's hands dirty 手を汚す

step 2 パターンリアル会話

A **Why can't you see my love for you?**
きみのためなら喜んで何でもするのに。

B **I know that. It's just...**

A **Can't you give me a chance? I'll be good to you.**

B **Well..., I don't know.**

A どうして僕の気持ちをわかってくれないんだ？ **I'm willing to do anything for you.**
B わかってるわ。ただ…
A チャンスをくれないか？　後悔はさせないから。
B うーん…どうかな。

step 3 パターンでチャレンジ

喜んで彼女を手伝うよ。

⇒ ____________________

Audio pattern 110

I'm nervous about...

～が心配だ / ～のために緊張する

大事な試験、プレゼン、面接、合コンなど、ドキドキするシチュエーションについて話すときに、I'm nervous about my date.（デートのことで緊張する）のように使うパターンです。

類似パターン I feel nervous about... ‖ I am/feel anxious about... ‖ I am/feel uneasy about...

step1 パターントレーニング

テストの結果が心配だ。 **I'm nervous about my test results.**

仕事の初日が心配だ。 **I'm nervous about my first day of work.**

今日の午後のオーディションが心配だ。 **I'm nervous about my audition this afternoon.**

面接がとても緊張する。 **I'm so nervous about my job interview.**

ブラインドデートでちょっと緊張する。 **I'm a little nervous about my blind date.**

step2 パターンリアル会話

A **Stop shaking your legs. It's annoying.**

B 今日のブラインドデートのことがすごく心配で。 **This is my fifth one!**

A **Just don't make corny* jokes this time. Girls don't find them funny.**

B **I definitely learned that last time.**

A 貧乏ゆすりするのやめて。イライラするから。

B **I'm just so nervous about my blind date today.** これで５回目なんだよ！

A 今回はつまらない冗談言ったりしないでよ。おもしろいと思う女の子なんていないんだから。

B 前回でしっかり学びましたよ。

Tips!

* corny は「つまらない、古臭い」という意味で joke、song、movie、book などを描写するときによく使います。また、誰かが言ったことに対しても使えます。

step3 パターンでチャレンジ

彼女に話しかけるのが心配だ。

⇒ ________________________________ (talk to)

Audio pattern 111

I'm upset about...

～に腹が立つ / イライラする

upset という単語はネイティブがよく使う単語です。怒っていたり、機嫌がよくなかったり、心配になったり、がっかりしたり、いろんな理由でいらだつときに使えます。about の後ろには名詞や動詞の ing 形が続きます。

類似パターン I'm angry about/at... （怒ったとき） ‖ I am disappointed about/with... （失望感を強調するとき）

step 1 パターントレーニング

彼の態度には腹が立つ。 **I'm upset about his attitude.**

親友のことが腹が立つ。 **I'm upset about my best friend.**

彼とケンカしたのが腹が立つ。 **I'm upset about the fight I had with him.**

ぼったくられたのが腹が立つ。 **I'm upset about getting ripped off.**

クラスでいちばんいい成績が取れなかったのが腹が立つ。 **I'm upset about not getting the best grade in my class.**

rip off はぎ取る、だまし取る（**be[get] ripped off** だまし取られる）

step 2 パターンリアル会話

A **You look so down. What's wrong?**

B オーディションの結果に腹が立って。 **I didn't make the cut.***

A **What? But you're such a talented singer!**

B **I guess I'm not good enough.**

Tips!

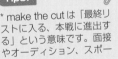

* make the cut は「最終リストに入る、本戦に進出する」という意味です。面接やオーディション、スポーツなどに使います。

A 元気ないわね。どうしたの？

B **I'm upset about the audition results.** 最終候補に残れなかったんだ。

A え？ だって、あなたはとても歌の才能があるのに！

B 十分じゃないんだと思うよ。

step 3 パターンでチャレンジ

テストの点数に腹が立つ。

⇒ ______________________________ (test score)

Audio pattern 112

I'm totally...

ものすごく〜

totally は「完全に」という意味で会話でよく使われます。I'm... の後ろに totally を使うとさらに強調されます。たとえば、「私は完全に〜」と言いたいときには totally を使って I'm totally... と言います。

類似パターン I'm absolutely... ‖ I'm really... ‖ I'm definitely...

step1 パターントレーニング

ものすごくワクワクする。	**I'm totally excited.**
ものすごく恥ずかしい。	**I'm totally embarrassed.**
ものすごく混乱している。	**I'm totally confused.**
ものすごく退屈だ。	**I'm totally bored.**
それにはものすごく反対だ。	**I'm totally against it.**

step2 パターンリアル会話

A **Oh, my God! I just passed gas* in front of Emily.**

B **Oh, man.* How did that happen?**

A **I don't know. I was talking to her and it just came out.**
本当にはずかしいよ！

B **Maybe she didn't hear it.**

A なんてこった！　エミリーの前でおならしちゃったよ。
B もう。なんでなのよ？
A わからないよ。話してたら出ちゃったんだ。
I'm totally embarrassed!
B 彼女には聞こえなかったかもしれないわよ。

Tips!

* pass gas は「おならをする」という意味です。fart とも言います。

* Oh, man. は怒ったり、驚いたり、よくないことがあったときによく使う感嘆詞です。

step3 パターンでチャレンジ

まったくの無一文なんだ。

⇨ ______________________________ (broke)

Audio pattern 113

This is totally...

これは本当に（まったく）～

「これは本当にカッコいい」のように、現在の状況やものについて考えを示すときに使うパターンです。

類似パターン This is absolutely... ‖ This is really... ‖ This is definitely...

step 1 パターントレーニング

これは本当にカッコいい。	**This is totally awesome.**
これは本当にヘンだ。	**This is totally weird.**
これは本当に必要ない。	**This is totally unnecessary.**
これは本当にくだらない。	**This is totally crappy.**
これは本当に受け入れられない。	**This is totally unacceptable.**

crappy くだらない

step 2 パターンリアル会話

A こんなのまったく不公平だわ！

B **What did you just say?**

A **No… nothing! I didn't say anything!**

B **Then be quiet and do your work.**

A **This is totally unfair!**
B 今、何て言った？
A いや…何も！　何も言ってません！
B じゃあ、おとなしく仕事しろ。

step 3 パターンでチャレンジ

これは本当に理不尽だ。

⇒ ______________________________ (unreasonable)

Audio pattern 114

I'm kind of...

ちょっと〜

何か話す際に「ちょっと忙しい」と特に意味もなく「ちょっと」を入れて言ったりしますよね。英語ではこんなときkind ofを使います。

類似パターン I'm sort of... ‖ I feel kind of... 感情を表現するときはbe動詞の代わりにfeelを使うこともできます。

step1 パターントレーニング

ちょっとヘコんでるんだ。	**I'm kind of** depressed.
ちょっとそれは気に障るな。	**I'm kind of** offended by that.
ちょっと今忙しいんだ。	**I'm kind of** busy at the moment.
ちょっと今手が離せないんだ。	**I'm kind of** tied up now.
ちょっとナーバスになってるんだ。	**I'm kind of** nervous.

step2 パターンリアル会話

A Do you have a moment?
I want to talk to you about something.

B ちょっと今、手が離せないんだ。 Can you call me later?

A Sure. What time?

B 8 would be good.

A ちょっと時間ある？　話したいことがあるんだけど。
B **I'm kind of tied up at the moment.** あとで電話してくれる？
A わかった。何時？
B 8時がいいかな。

step3 パターンでチャレンジ

ちょっとびっくりしてる。

⇒ ______________________________

Audio pattern 115

I don't feel like...

～したくない / ～する気がしない

めんどくさくて「あまりやりたくない」と言うときなどに使うパターンです。like の後ろには名詞か動詞の ing 形を使います。

類似パターン I don't really want to... ‖ I don't feel up to...

step 1 パターントレーニング

今夜は出かける気がしない。	**I don't feel like** going out tonight.
何もする気がしない。	**I don't feel like** doing anything.
料理する気がしない。	**I don't feel like** cooking.
今食べる気がしない。	**I don't feel like** eating right now.
今夜は誰かと一緒にいる気分じゃない。	**I don't feel like** company tonight.

company 誰かと一緒にいる

step 2 パターンリアル会話

A What's for dinner tonight?

B 今夜は料理をする気がしないな。 I'm too tired.

A Do you want to eat out tonight, then?

B 出かける気もしないな。 Let's just order takeout.

A 今日の夕食は何？

B **I don't feel like cooking tonight.** すごく疲れてるんだ。

A じゃあ、外食にする？

B **I don't feel like going out, either.** 出前を頼もう。

step 3 パターンでチャレンジ

映画を観る気がしない。

⇒ ＿＿＿＿＿＿＿＿＿＿＿＿＿＿＿＿＿＿＿＿

Unit

17

考え・意見を述べる表現

Q. 次の文を英語で言えますか？

- きみは正しいと思う。

  ＿＿＿＿＿＿ you're right.

- 彼が本当のことを言ってるとは思わない。

  ＿＿＿＿＿＿ he's telling the truth.

- それって公平だと思う？

  ＿＿＿＿＿＿ that's fair?

- 彼ってイケてると思わない？

  ＿＿＿＿＿＿ he's nice?

- 彼のことどう思う？

  ＿＿＿＿＿＿ him?

- アイデアが思いつかない。

  ＿＿＿＿＿＿ an idea.

- きみが僕を裏切るとは思ってもみなかった。

  ＿＿＿＿＿＿ you'd betray me.

解答　I think (that) / I don't think (that) / Do you think (that) / Don't you think (that) / What do you think of / I can't think of / I never thought (that)

Audio pattern 116

I think (that)...

~だと思う

I think (that)... といえば「私は~だと思う」という意味がまず浮かぶと思いますが、会話では「~みたいだ」と言うときにもよく使われます。that はよく省略され、後ろには「主語+動詞」が続きます。

類似パターン I believe (that)... ‖ I guess (that)...

step 1 パターントレーニング

きみは正しいと思う。 **I think you're right.**

きみは化粧品を買い過ぎだと思う。 **I think you buy too many cosmetics.**

きみたちは口げんかしすぎだと思う。 **I think you two argue too often.**

僕たちは話し合う必要があると思う。 **I think that we need to talk.**

僕たちは貯金を始めるべきだと思う。 **I think that we should start saving up.**

step 2 パターンリアル会話

A あなた言い過ぎだと思うわ。

B **In what way?**

A **Your wording* was slightly offensive. You could've said it nicely.**

B **But it's the truth.**

Tips!

* wording は「表現(方法)、単語選択」という意味です。

* cross the line は「線を超える」、すなわち「やり過ぎ、ひどい」という意味でよく使う表現です。

A **I think you crossed the line.***
B どんなふうに?
A 言い方が少しケンカ腰だったわよ。やさしく言うことだってできたのに。
B でも本当のことだろ。

step 3 パターンでチャレンジ

僕は恋してると思う。

⇒ ______________________________ (be in love)

I don't think (that)...

~だとは思わない

I think that... とは反対に、「私の考えでは~ではないみたいだ」と言うときには、I don't think (that)... を使います。同じく that はよく省略されて、後ろには「主語+動詞」が続きます。

類似パターン I don't believe (that)...

step1 パターントレーニング

それが僕たちに必要だとは思わない。	**I don't think** we need it.
それが本当のことだとは思わない。	**I don't think** that's true.
僕たちは十分話し合ったとは思わない。	**I don't think** we talk enough.
問題が出てくるとは思わない。	**I don't think** there will be a problem.
彼が本当のことを言ってるとは思わない。	**I don't think that** he's telling the truth.

step2 パターンリアル会話

A Hey, do you have time later today?

B Sure. What's up?

A Nothing. I just wanna talk to you. このところ私たち話してないと思うから。

B That's true. I miss our talks.

A ねえ、今日このあと時間ある?
B いいよ。どうしたの?
A 別に。ただ話したいの。**I don't think we've talked lately.**
B そうだね。僕も話したいよ。

step3 パターンでチャレンジ

それはいい考えだとは思わない。

⇒ ______________________________

Audio pattern 118

Do you think (that)...?

~だと思う？

相手に意見を聞くときに最もよく使われるパターンです。この場合も that はよく省略され、後ろには「主語+動詞」が続きます。

類似パターン Do you believe/suppose (that)...?

step1 パターントレーニング

それって公平だと思う？	**Do you think** that's fair?
それって必要だと思う？	**Do you think** it's necessary?
神様っていると思う？	**Do you think** God exists?
自分で何とかできると思う？	**Do you think** you can handle it?
ダイエットを続けたほうがいいと思う？	**Do you think** I should go on a diet?

step2 パターンリアル会話

A UFO って存在すると思う？

B You've got to be kidding me.

A What? Many people have seen them, you know.

B I don't believe in aliens, period.*

A **Do you think UFOs exist?**
B からかおうっていうのかい。
A どうして？ 見た人たくさんいるじゃない。
B 宇宙人なんて信じないよ。以上。

Tips!

* period は、この会話のように自分が言ったことの最後に追加すると「これで最後だ、もう言うことはない」という意味になります。period の代わりに end of story とも言います。

step3 パターンでチャレンジ

自分でこの仕事に向いてると思う？

⇒ ______________________________ (suited for)

Audio pattern 119

Don't you think (that)...?

～だと思わない？

「私はこう思うけど、あなたもそう思わない？」というニュアンスで相手に同意を求める場合によく使われるパターンです。ここでも that はよく省略され、後ろには「主語＋動詞」が続きます。

類似パターン Don't you agree (that)...? 意見を確実に聞いてみるなら、このように変えて使うこともできます。

step1 パターントレーニング

これを着ると太って見えると思わない？ **Don't you think I look fat in this?**

ちょっとキツキツだと思わない？ **Don't you think it's a little tight?**

（値段が）高いと思わない？ **Don't you think it's expensive?**

やり過ぎだと思わない？ **Don't you think you're going overboard?**

ジュリーって偽善者だと思わない？ **Don't you think Julie is hypocritical?**

go overboard やり過ぎる、調子に乗る ｜ **hypocritical** 偽善的な

step2 パターンリアル会話

A **How do I look?**

B **It's perfect! You should totally get it.**

A ちょっと短すぎると思わない？

B **Not at all! It shows off* your legs.**

A どう見える？
B 完璧だよ！ 絶対買うべきだね。
A **Don't you think it's a little too short?**
B 全然！ 足がきれいに見えるよ。

Tips!
* show off は「自慢する、見せつける」という意味でとてもよく使う表現です。ここでは「美脚を誇る」、すなわち「美脚が目立つ」という意味で使われています。

step3 パターンでチャレンジ

私たちもっと節約したほうがいいと思わない？

⇒ ________________________________ (thrifty)

Audio pattern 120

What do you think of/about...?

～のことをどう思う？/～はどう？

何かについて「これどう？」と言って相手がどう考えているかたずねる場合に使うパターンです。本当によく使われるので必ず覚えましょう。of/about の後ろには名詞や動詞の ing 形が続きます。

類似パターン What's your opinion/thought(s) on...? ‖ What's your take/stance on...?

step 1 パターントレーニング

私の新しいジャケットどう思う？	**What do you think of my new jacket?**
うちの社長どう思う？	**What do you think of our president?**
『ラブ・アクチュアリー』ってどう思う？	**What do you think of *Love Actually*?**
パーティーを開くのはどう？	**What do you think about having a party?**
新しいベストセラーについてどう思う？	**What do you think about the new bestseller?**

step 2 パターンリアル会話

A どう私の新しいジャケット？

B **It looks great on you! Where did you buy it?**

A **At the shopping mall we went to the other day.**

B **I'm definitely gonna go check it out.***
Do they have it in navy?

A **What do you think of my new jacket?**
B よく似合ってるわよ！ どこで買ったの？
A この前一緒に行ったショッピングモールよ。
B 絶対チェックしに行こうっと。それのネイビーってあるかな？

Tips!
* check ... out は「確認する」という意味です。お店などに「行って調べてみる」という意味で使います。

step 3 パターンでチャレンジ

韓国料理ってどう思う？

⇒ ______________________________

Audio pattern 121

I can't think of...

～を思い出せない

think of... は「～を思いつく、～を思い出す」という意味です。I can't think of anything! と言えば「何も思いつかない、何も思い出せない」という意味です。アイデアが浮かばないときや、思い出せないときによく使うパターンです。

類似パターン I can't come up with...

step1 パターントレーニング

何も言い訳が思いつかない。	**I can't think of any excuses.**
いい理由が思いつかない。	**I can't think of a good reason.**
答えが思いつかない。	**I can't think of an answer.**
何もアイデアが思いつかない。	**I can't think of any ideas.**
その歌の名前が思い出せない。	**I can't think of the name of the song.**

step2 パターンリアル会話

A **She's gonna kill me!**
I promised her I would be there on time this time.

B **When are you meeting her?**

A **At 12. I'm already 10 minutes late.**
彼女に対する言い訳が思いつかないや。

B **How about this one? Your mom got sick this morning.**

A 彼女に殺されちゃうよ！　今度は時間どおりに行くって約束したんだ。
B 何時に待ち合わせなの？
A 12 時。もう 10 分遅れてるよ。**I can't think of an excuse to give her.**
B こういうのはどう？　今朝、お母さんの具合が悪くなったっていうのは。

step3 パターンでチャレンジ

彼の名前が思い出せない。

⇒ ____________________

Audio pattern 122

I (have) never thought (that)...

～とは思ってもみなかった

予想してなかったことが起きた場合に、「…とは思いもしなかった」と言いますが、英語では I never thought... と言います。I have never thought that... としてもかまいませんが、会話では普通は have と that を省略します。後ろには「主語＋動詞」が続きます。

類似パターン I never imagined... ‖ I never dreamed... ‖ I never expected...

step 1 パターントレーニング

ここできみに会うとは思ってもみなかった。 **I never thought I would see you here.**

きみたちが付き合ってるとは思ってもみなかった。 **I never thought you two would be an item.**

僕たちの気持ちが離れていくとは思ってもみなかった。 **I never thought we'd drift apart.**

教授が僕のことを落第させるとは思ってもみなかった。 **I never thought the professor would flunk me.**

自分がここまでやれるとは思ってもみなかった。 **I never thought I'd get this far.**

be an item カップルになる | **drift apart** 離ればなれになる | **flunk** 落第させる

step 2 パターンリアル会話

A **I got the call! I got the job!**

B **Wow, congratulations!**

A **To be honest,** 電話がかかってくるとは思ってもみなかったわ。
It's been my dream to work there.

B **I'm so happy for you!**

A 電話がかかってきたの！ 就職が決まったのよ！
B おお、おめでとう！
A 正直なところ、**I never thought I'd get their call.** あそこで働くのが夢だったのよ。
B よかったね！

step 3 パターンでチャレンジ

彼女にまた会うなんて思ってもみなかった。

⇒ ______________________________

Unit

18

提案する表現

Q. 次の文を英語で言えますか？

- 行こう。
  ______ go.
- 明日はどう？
  ______ tomorrow?
- 彼に電話してみたら？
  ______ call him?
- サラダはいかが？
  ______ some salad?
- 今すぐ僕に話したほうがいいよ。
  ______ tell me right now.
- 何も言わないほうがいいよ。
  ______ say anything.
- ここにいたほうがいいかもしれない。
  ______ just stay here.
- 誰かに聞いたほうがいいと思う。
  ______ ask someone.

解答　Let's / How about / Why don't you / Would you care for / You'd better / You'd better not / Maybe we should / I suggest we

Audio pattern 123

Let's...

~しよう

提案する場合、Let's... は最初に思いつくパターンですね。Let's は Let us を省略した形で、必ず動詞の原形が続くことに注意してください。

類似パターン Why don't we...? ‖ How about we...? ‖ We should... should は「~するほうがいい」という意味でもよく使われます。

step1 パターントレーニング

始めよう。	**Let's get started.**
家に帰ろう。	**Let's head home.**
もう2、3分待ってみよう。	**Let's wait a few more minutes.**
徹夜しよう。	**Let's stay out all night.**
僕たちの未来に乾杯しよう。	**Let's toast to our future.**

step2 パターンリアル会話

A **Damn it! He's not picking up.**

B 彼を置いてもう出発しよう。

A **We can't do that! That's too mean.**

B **But we're an hour behind schedule.**
It's his fault, anyway.

A もう! 彼ったら迎えに来てないわ。
B **Let's just leave without him.**
A そんなことできないわ! いじわるすぎるわよ。
B そんなこと言ったって予定より1時間も遅れてるんだ。そもそも、あいつが悪いんだし。

step3 パターンでチャレンジ

今日のランチはインド料理にしてみよう。

⇒ ________________________________ (try)

Audio pattern 124

How about...?

〜はどう？

How about this?（これはどう？）のように、提案や勧誘をする場合に最もよく使うパターンです。How about の後ろには（代）名詞または動詞の ing 形が続きます。

類似パターン What about...?

step1 パターントレーニング

私はどう？	**How about me?**
飲み物はどう？	**How about a drink?**
次の木曜日はどう？	**How about next Thursday?**
彼に明日電話するのはどう？	**How about calling him tomorrow?**
謝るっていうのはどう？	**How about making an apology?**

step2 パターンリアル会話

A **Is it lunch time already?**

B **Yeah. Do you wanna head out for lunch?**

A **Sure. What do you feel like eating?**

B **I don't know.** サムゲタンはどう？

A もうお昼の時間？
B うん。外に食べに行きたい？
A いいわね。何を食べたい気分？
B さあね。**How about samgyetang?**

step3 パターンでチャレンジ

ビールはどう？

⇒ ______________________________

Audio pattern 125

Why don't you...?

～するのはどう？/～したら？

Why don't you...? は「どうして～しないの？」(p.120) と理由をたずねるときだけでなく、「～したら？」と提案する場合にもよく使います。

類似パターン How about you...? ‖ (I think) You should...

step1 パターントレーニング

休みを取ったら？	**Why don't you take the day off?**
彼女に電話番号を聞いてみたら？	**Why don't you ask for her number?**
部屋を掃除したら？	**Why don't you clean up your room?**
彼のアドバイスを受け入れてみたら？	**Why don't you take his advice?**
もう少しいたら？	**Why don't you stay a little longer?**

step2 パターンリアル会話

A **It's 10 already? I should be getting back now.**

B 今夜は泊まってったら？ **It's Sunday tomorrow.**

A **Well...**

B **Come on. We're having so much fun.**
You don't want to leave now!

A もう10時？　帰らなくちゃ。

B **Why don't you stay over* tonight?** 明日は日曜日だし。

A でも…

B そうしなよ。今楽しんでるところじゃん。
まだ帰りたくないだろ！

Tips!
* stay over は「他人の家で1泊する」という意味です。sleep over とも言います。

step3 パターンでチャレンジ

ガールフレンドに本当のことを言ったら？

⇒ ______________________________

Audio pattern 126

Would you care for...?

～はいかが？

care for... は「～の世話をする」という意味のほかに「～が好きだ」という意味でもよく使われます。care for... が Would you と一緒に使われると、Would you like...? のようなていねいに提案する表現になります。care for の後ろにはたいてい名詞が続きます。

類似パターン Would you like...?

step1 パターントレーニング

ワインを 1 杯いかが？	**Would you care for a glass of wine?**
デザートはいかが？	**Would you care for dessert?**
コーヒーをもう 1 杯いかが？	**Would you care for another cup of coffee?**
お茶はいかが？	**Would you care for some green tea?**
前菜はいかが？	**Would you care for an appetizer?**

step2 パターンリアル会話

A デザートはいかが？

B I had a heavy meal, so I want something light.

A How about some green tea ice cream?

B That would be great. Thank you.

A **Would you care for dessert?**
B 食事が脂っこかったから、何かさっぱりしたものがいいな。
A グリーンティーのアイスはどう？
B それがいいね。ありがとう。

step3 パターンでチャレンジ

もう 1 杯いかが？

⇒ ______________________________ (another drink)

Audio pattern 127

You'd better...

～したほうがいいよ

相手に忠告する場合に使うパターンです。ときには脅すようなニュアンスが少し加味されることもあります。このYou'dはYou hadの略ですが、ネイティブはhadは省略して、ただYou betterと言うことが多いです。You'd betterの後ろには必ず動詞の原形を使います。

類似パターン You should... ‖ It'd be better if you... ‖ You ought to...

step1 パターントレーニング

徹夜したほうがいいよ。 **You'd better pull an all-nighter.**

塩分は控えめにしたほうがいいよ。 **You'd better cut down on salty food.**

急いだほうがいいよ。 **You'd better hurry.**

許可を求めたほうがいいよ。 **You'd better ask for permission.**

それに慣れたほうがいいよ。 **You'd better get used to it.**

pull an all-nighter 徹夜する | **cut down (on ~)** （～を）減らす

step2 パターンリアル会話

A My stomach is acting weird these days.

B 辛いものは控えたほうがいいよ。

A I guess so.
But it's gonna be hard. I love spicy food.

B I know, but your health is more important.

A 最近お腹の調子がおかしいの。
B **You'd better cut down on spicy food.**
A そうね。でも、むずかしそう。私、辛いもの大好きだから。
B わかるけど、健康のほうがだいじだからね。

step3 パターンでチャレンジ

話す前に考えたほうがいいよ。

⇒ ____________________

Audio pattern 128

You'd better not...

～しないほうがいいよ

先ほどのパターンとは反対に、「～しないほうがいいと思うよ」と忠告したり、脅したりするようなニュアンスで言ったりする場合に使います。

類似パターン You shouldn't... ‖ It'd be better if you didn't... ‖ You ought not to...

step 1 パターントレーニング

誰にも言わないほうがいいよ。	**You'd better not** tell anyone.
あの本は買わないほうがいいよ。	**You'd better not** buy that book.
彼女からお金を借りないほうがいいよ。	**You'd better not** borrow money from her.
私にちょっかいを出さないほうがいいよ。	**You'd better not** mess with me.
私にウソをつかないほうがいいよ。	**You'd better not** be lying to me.

mess with ～ ～にちょっかいを出す

step 2 パターンリアル会話

A スティーヴンとは付き合わないほうがいいよ。

B Why not? I like him. He's funny.

A He's a bad influence.*

B Thanks for the concern, but it's okay. I can think for myself.*

Tips!

* 誰かのことを bad influence と言えば、「悪い影響を及ぼす人」という意味になります。

* think for oneself は「自分で判断する、自分で考える」という意味です。

A **You'd better not hang out with Steven.**
B なんで？　彼は好きよ。おもしろいし。
A あいつはいい影響をあたえないんだよ。
B お気づかいありがとう。でも大丈夫よ。自分のことは考えられるから。

step 3 パターンでチャレンジ

そんなこと二度としないほうがいいよ！

⇒ ______________________________

Audio pattern 129

Maybe we should...

～したほうがいいかもしれない

maybe は「もしかして、ひょっとすれば」という意味で、Maybe we should just go.(私たちもう帰ったほうがいいかもしれない)のように、Maybe で文章を始めると、自信を持てずに「～かもしれない」ということになります。

類似パターン Perhaps we should... ‖ We should probably... (または We probably should) ‖ I think we should...

step 1 パターントレーニング

彼の言うことを聞いたほうがいいかもしれない。	**Maybe we should** listen to him.
彼女の言うとおりにしたほうがいいかもしれない。	**Maybe we should** do as she says.
先生に聞いたほうがいいかもしれない。	**Maybe we should** ask the teacher.
医者に診てもらったほうがいいかもしれない。	**Maybe we should** go see a doctor.
もう数日待ったほうがいいかもしれない。	**Maybe we should** wait a few more days.

step 2 パターンリアル会話

A Where should we go for our vacation?

B I haven't decided yet. How about Australia? We haven't been there in years.

A Australia sounds good.

B じゃなかったら、ハワイに行くほうがいいかもしれないね。 I've always wanted to go there.

A 休暇はどこへ行く？

B まだ決めてないけど。オーストラリアなんかどう？　もう何年も行ってないし。

A オーストラリア、いいわね。

B **Or maybe we should go to Hawaii.** ずっと行ってみたいと思ってたんだ。

step 3 パターンでチャレンジ

引っ越したほうがいいかもしれない。

⇒ ________________________________ (move)

Audio pattern 130

I suggest we...

~したほうがいいと思う

「私たちはこうやったほうがいいと思う」と率先して提案する場合に使うパターンです。この場合、weの後ろにはshouldが本来あるのですが、普通は省略してただ動詞の原形を使えばオーケーです。

類似パターン I think we should... ‖ I think it'd be best if we...

step1 パターントレーニング

ミーティングをしたほうがいいと思う。 **I suggest we have a meeting.**

警察に電話したほうがいいと思う。 **I suggest we call the police.**

休憩したほうがいいと思う。 **I suggest we take a break.**

このことについては後で話し合ったほうがいいと思う。 **I suggest we talk about this later.**

ミーティングは延期したほうがいいと思う。 **I suggest we postpone the meeting.**

step2 パターンリアル会話

A What should we do?

B 起きたことを上司に話したほうがいいと思う。

A He might fire us all.

B He won't. Trust me.

A どうしたらいいかしら?
B **I suggest we tell our boss what happened.**
A 私たち全員クビにされるかもしれないわよ。
B そんなことしないさ。信じろって。

step3 パターンでチャレンジ

その計画を先に進めたほうがいいと思う。

⇒ ______________________ (proceed with the plan)

Unit

19

義務の表現

Q. 次の文を英語で言えますか？

● 行かなくちゃ。

______ go.

● きみに言わないとダメ？

______ tell you?

● それを買わなくてもいいよ。

______ buy it.

● 彼を見つけないとね。

______ find him.

● もう一度やってみなきゃいけないかもよ。

______ try again.

● 彼に電話することになってるの。

______ call him.

● 言い争わなくていいよ。

______ argue.

解答　I've got to / Do I have to / You don't have to / You'll have to / You might have to / I'm supposed to / There's no need to

Audio pattern 131

I've got to/gotta...

〜しなくちゃ

会話でとてもよく使われるパターンのひとつです。「何かを必ずやる」と言うときに使います。I have got to go.=I gotta go.（私、行かなくちゃ）のように、have got to の have を省略して got to を gotta と短くして言うこともあります。

類似パターン I have to... ‖ I must...

step 1 パターントレーニング

これは見なくちゃ。	**I've got to** see this.
現実を見つめなくちゃ。	**I've got to** face the reality.
行かなくちゃ。じゃあね！	**I gotta** go. See ya!
それをやってみなくちゃ。	**I gotta** try that.
時間どおりに着くにはもう行かなくちゃ。	**I gotta** leave now if I wanna get there on time.

step 2 パターンリアル会話

A 車を修理屋さんに持っていかなくちゃ。

B What's wrong with your car?

A There's a problem with the brakes.

B Why don't you go to my uncle's place?
If you give him my name, he'll give you a discount.

A **I gotta take my car to the auto repair shop.**
B 車どうしたの？
A ブレーキの調子がおかしくて。
B 僕のおじさんのところに行ったら？　僕の名前を言えば安くしてくれるよ。

step 3 パターンでチャレンジ

パソコンを修理してもらわなくちゃ。

⇒ ______________________________ (get ... fixed)

Audio pattern 132

Do I have to...?

～しないとダメ？

Do I have to do the dishes?（私が皿洗いしなきゃいけないの?）のように、やりたくないことに対して「これ本当にやらなきゃダメ?」と言う場合に使います。

類似パターン Must I...?

step 1 パターントレーニング

これやらないとダメ？	**Do I have to** do this?
もう行かないとダメ？	**Do I have to** leave now?
全部自分でやらないとダメ？	**Do I have to** take care of everything?
毎朝ベッドメイキングしないとダメ？	**Do I have to** make my bed every morning?
4人で団体行動しないとダメ？	**Do we have to** work in groups of 4?

step 2 パターンリアル会話

A Go clean up your room.

B 今やらなきゃダメ？ I can just do it later.

A You always say that and never do it.

B Oh, all right, Mom.

A 部屋を片付けなさい。

B **Do I have to do it now?** あとでやるよ。

A いつもそう言って、やったためしがないじゃない。

B もう、わかったよ、母さん。

step 3 パターンでチャレンジ

今日洗濯しなきゃダメ？

⇒ ________________________________ (do the laundry)

Audio pattern 133

You don't have to...

〜しなくていいよ

相手が別にやらなくてもいいことをしようとしたり、相手の行動が重く感じられるときに「〜しなくていいよ」と使われるパターンです。

類似パターン You don't need to... ‖ You need not...

step 1 パターントレーニング

返事は書かなくていいよ。	**You don't have to write back.**
謝らなくてもいいよ。	**You don't have to apologize to me.**
何も持って来なくていいよ。	**You don't have to bring anything.**
欲しくないなら買わなくていいよ。	**You don't have to buy it if you don't want it.**
僕にすまないと思わなくていいよ。	**You don't have to feel sorry for me.**

step 2 パターンリアル会話

A Ah, I'm so full. I can't eat anymore!

B 全部食べなくてもいいよ。

A But it tastes so good. I can't stop myself.

B You'll get a stomachache if you keep eating.

A ああ、お腹いっぱい。これ以上食べられないわ！
B **You don't have to finish it.**
A でも、とってもおいしいんだもん。止められない。
B 食べ続けてたら胃が痛くなっちゃうよ。

step 3 パターンでチャレンジ

予約しなくてもいいよ。

⇒ ______________________ (make a reservation)

Audio pattern 134

You'll have to...

（相手に対して）～しないとね

「今回はうまくやらないとね」「責任をとらないとね」のように、これからやることについて相手に忠告するときに使うパターンです。

類似パターン You're going to/gonna have to...

step1 パターントレーニング

来年はもっと勉強しないとね。	**You'll have to** study harder next year.
自分の価値を証明しないとね。	**You'll have to** prove your worth.
試験でAを取らないとね。	**You'll have to** get an A on the exam.
今夜は弟の面倒を見ないとね。	**You'll have to** babysit your brother tonight.
それよりもっとうまくやらないとね。	**You'll have to** do better than that.

step2 パターンリアル会話

A I'm so broke this week. I have almost nothing left.

B When's your next payday?

A Next week. I don't know how I'm going to survive till then.

B I'll help you out this time. でも、もっとうまくやりくりすることを覚えないとね。

A 今週はすごく金欠なの。ほとんど一銭も残ってないわ。
B 次の給料日はいつ？
A 来週。それまでどうやって生きていけばいいのかしら。
B 今回は僕が助けてあげるよ。
But you'll have to learn to budget* better.

Tips!
* budget は名詞では「予算」という意味ですが、この会話のように動詞で使うと「予算を立ててそれに合わせてお金を効率的に使う」という意味になります。

step3 パターンでチャレンジ

もっと我慢することを覚えないとね。

⇒ ______________________ (patient)

Audio pattern 135

You might have to...

~しないといけないかもしれないよ

「待たなきゃいけないかもしれないよ」のように、相手に「~しなきゃいけないかもしれない」ということを前もって知らせる場合に使うパターンです。

類似パターン You may have to... ‖ You'll probably have to...

step1 パターントレーニング

手術をしないといけないかもしれないよ。	**You might have to have surgery.**
今度の日曜日は仕事をしないといけないかもしれないよ。	**You might have to work this Sunday.**
ちょっと待たないといけないかもしれないよ。	**You might have to wait a while.**
彼らにお金を払わないといけないかもしれないよ。	**You might have to pay them.**
きみは残らなくちゃいけないかもしれないよ。	**You might have to stay behind.**

step2 パターンリアル会話

A You wanted to see me, Professor?

B Your grades are not looking good. What's going on?

A I had trouble understanding some chapters.

B At this rate,* 再履修することになるかもしれないよ。

Tips!

* at this rate は「このままだと…」という意味です。この状態が続くと何かが起こりそうだという場合に使います。

A 私に御用ですか、教授?
B きみの成績はあまりよろしくないようだが。何かあったのかね?
A よく理解できない章があったもので。
B このままでは、**you might have to repeat the course.**

step3 パターンでチャレンジ

そこまで歩かなきゃいけないかもしれないよ。

⇒ ______________________________

Audio pattern 136

I'm supposed to...

～することになっている

「やるように予定されていること」について話す場合に使います。ネイティブがよく使うパターンです。

類似パターン I'm scheduled to... スケジュールについて話す場合は supposed を scheduled に言い換えます。‖ I have to...

step 1 パターントレーニング

このレポートは今日提出することになっている。	**I'm supposed to submit this report today.**
彼に直接報告することになっている。	**I'm supposed to report to him directly.**
このことは秘密にしておくことになっている。	**I'm supposed to keep this a secret.**
明日、ここで彼に会うことになっている。	**I'm supposed to meet him here tomorrow.**
今度の土曜日は仕事をすることになっている。	**I'm supposed to work this Saturday.**

step 2 パターンリアル会話

A **Remember, the party's at my house at 8 this Saturday.**

B 今度の土曜日は仕事することになってるんだ。 **But I'll try to get off work early.**

A **What? You're working on Saturday?**

B **Yeah, something came up, and I have to take care of it.**

A 覚えてる？今度の土曜日は８時から私の家でパーティーだからね。
B **I'm supposed to work this Saturday.** でも、早めに切り上げるようにするよ。
A え？　土曜日も仕事なの？
B うん、ちょっとやることができちゃって、それを処理しなきゃならないんだ。

step 3 パターンでチャレンジ

彼女を８時に迎えに行くことになっている。

⇒ ______________________________ (pick ... up)

Audio pattern 137

There's no need to...

～すること（必要）はない

There's... は「～がある」と言うときに使いますが、no need to が付くと There's no need to hurry.（急ぐ必要ないよ）のように「～する必要がない」という意味になります。

類似パターン You don't need to... ‖ You don't have to... ‖ There's no reason to...

step1 パターントレーニング

急ぐことはない。	**There's no need to hurry.**
そのことを心配することはない。	**There's no need to worry about it.**
そのことを悪く思うことはない。	**There's no need to feel bad about it.**
こわがることはない。	**There's no need to be afraid.**
そんなに謙遜することはない。	**There's no need to be so modest about yourself.**

step2 パターンリアル会話

A **Did you hear? Sam went to jail!**

B **I know.** でも、あいつのことをかわいそうに思うことなんてないよ。

A **Isn't that a little harsh?**

B **He had it coming.* He's been dealing drugs for a while.**

A 聞いた？　サムが刑務所に入れられたって！

B 知ってるよ。**There's no need to feel sorry for* him, though.**

A それはちょっと冷たすぎるんじゃない？

B 自業自得だよ。ドラッグをしばらくさばいてたんだから。

Tips!

*「かわいそう」というと poor が思いつくかもしれませんが、ネイティブは I feel sorry for you.（あなたがかわいそう）のように feel sorry for という表現を使います。

* have it coming は「自業自得だ」という意味です。

step3 パターンでチャレンジ

そんなに大声で話さなくていいよ。

⇒ ______________________ (talk so loudly)

Unit

20

確信する表現

Q. 次の文を英語で言えますか？

- 自分の決断を確信している。
  ＿＿＿＿＿ my decision.
- きっと彼は知らないと思う。
  ＿＿＿＿＿ he doesn’t know.
- 本当に彼女は来なかったの？
  ＿＿＿＿＿ she didn’t come?
- あなたを信用していいかわからない。
  ＿＿＿＿＿ you’re trustworthy.
- ちゃんと電気を消してね。
  ＿＿＿＿＿ turn off the lights.
- それはまちがいない。
  ＿＿＿＿＿ it.
- 彼はウソをついているようだ。
  ＿＿＿＿＿ he lied.

解答　I’m sure of / I’m sure (that) / Are you sure (that) / I’m not sure (that) / Make sure to / There’s no doubt about / It’s likely (that)

Audio pattern 138

I'm sure of/about...

～を確信する

確信を持って言う場合に使うパターンです。of と about は前置詞なので、後ろには（代）名詞や動詞の ing 形が続きます。

類似パターン I'm certain of/about...

step1 パターントレーニング

それはまちがいないよ！	**I'm sure of it!**
ニューヨークに行くことを確信している。	**I'm sure of** going to New York.
あることを確信している。	**I'm sure about** one thing.
自分の選択を確信している。	**I'm sure about** my choice.
留学することを確信している。	**I'm sure about** studying abroad.

step2 パターンリアル会話

A I'm moving to London. I got a job offer there.

B Are you sure you want to give up your life here and start over?

A Yes, 自分の決めたことに関しては確信してるの。

B I wish you good luck, then.

A ロンドンへ引っ越すことになったの。向こうの仕事のオファーを受けたのよ。
B 本気でここでの生活を捨ててゼロからやり直したいのかい？
A そうよ、**I'm sure about my decision.**
B そういうことなら、幸運を祈るよ。

step3 パターンでチャレンジ

私はコンテストで優勝することを確信している。

⇒ ______________________________ (win the contest)

Audio pattern 139

I'm sure (that)...

~だと確信する / きっと~だと思う

あることに対して確信がある場合に使うパターンです。I'm sure の後ろには of や about のような前置詞だけでなく、that 節がくる場合も多くあります。that はよく省略され、後ろには「主語+動詞」が続きます。

類似パターン I'm certain (that)... ‖ I'm positive (that)...

step1 パターントレーニング

きっと彼はきみのプレゼントを気に入ると思う。	**I'm sure that he'll like your present.**
きっと彼女はあなたの悪口を言ってると思う。	**I'm sure she's talking behind your back.**
きっと彼はソフィーに気があると思う。	**I'm sure he has feelings for Sophie.**
きっと彼は疲れてるんだと思う。寝かせておいてあげよう。	**I'm sure he's tired. Let him sleep.**
きっと彼女はすぐここに来ると思う。	**I'm sure that she'll be here in a minute.**

step2 パターンリアル会話

A **We're moving our head office.**

B **To where?**

A **We don't know yet.** きっとこの決定がありがたくない人もいるでしょうね。

B **But why are we moving?**

A 本社オフィスが移転するの。
B どこに?
A まだわからないわ。**Now, I'm sure some of you are unhappy with the decision.**
B でも、どうして移転するんだろう?

step3 パターンでチャレンジ

きっときみは僕の意見に反対すると思う。

⇒ ＿＿＿＿＿＿＿＿＿＿＿＿＿＿＿＿＿＿＿＿ (disagree with)

Audio pattern 140

Are you sure (that)...?

本当に～なの？

「本当に～なの？」「～って本当なの？」と、あることが事実なのか相手に確認する場合に使うパターンです。that はよく省略され、後ろには「主語+動詞」が続きます。

類似パターン Are you certain (that)...? ‖ Are you positive (that)...?

step1 パターントレーニング

本当に彼は間に合うと思う？ **Are you sure he'll make it on time?**

本当にそれが真実だと思う？ **Are you sure that's true?**

本当にあなたがこれをやったの？ **Are you sure you did this?**

本当にスペルを正しく書いたの？ **Are you sure you spelled it right?**

本当に『ウォークラフト』で彼に勝ったの？ **Are you sure you can beat him at WarCraft?**

step2 パターンリアル会話

A **Why isn't this letting me log in?**

B 本当に正しく ID を入力した？

A **Yeah! I checked twice!**

B **How about your password?**

A どうしてログインできないのかしら？
B **Are you sure you typed your ID correctly?**
A したわよ！ 2回確認したもの！
B パスワードはどう？

step3 パターンでチャレンジ

本当にピーターがそんなことを言ったの？

⇒ ______________________________

Audio pattern 141

I'm not sure...

～なのかわからない / ～なのか確信できない

何かをするのかしないのかわからないあいまいな状況について話す場合や、何かについて確信が持てないときに使うパターンです。I'm not sure の後ろには that、if、疑問詞などに導かれる名詞節が続きます。

類似パターン I'm not certain... ‖ I'm not positive...

step1 パターントレーニング

あなたを信用できるかわからない。	**I'm not sure that I can trust you.**
彼に連絡がつくかわからない。	**I'm not sure if I can reach him.**
これがいい考えかわからない。	**I'm not sure if this is a good idea.**
どうして彼がここにいるかわからない。	**I'm not sure why he's here.**
彼に何と言ったらいいかわからない。	**I'm not sure what I should say to him.**

step2 パターンリアル会話

A マイケルになんて謝ったらいいかわからないわ。

B **Why? What did you do?**

A **Well… I kinda… called him petty.***

B **I did that once.**
He sulked* for a whole week!

A **I'm not sure how I should apologize to Michael.**
B どうして？　何をしたの？
A その…なんていうか…彼のこと器が小さいって言っちゃったの。
B 私も前におなじことしたことあるわよ。彼、1週間ずっとスネてたわね！

Tips!

* petty は「心が狭い」「気が小さい」「ケチな」という意味です。

* sulk は「すねる」「ご機嫌ななめ」と言う場合に使います。また、sulk の代わりに pout という動詞を使うこともできます。

step3 パターンでチャレンジ

彼の名前を正確に覚えているかわからない。

⇒ ______________________________ (correctly)

Audio pattern 142

Make sure to/(that)...

ちゃんと～してね

大事なことを忘れないように相手に念を押すときに使うパターンです。Make sure to の後ろには動詞の原形が、Make sure that の後ろには「主語+動詞」が続きます。

類似パターン Be sure to/(that)... ‖ Make certain to/(that)...

step 1 パターントレーニング

ちゃんとドアに鍵をかけてよ。	**Make sure to** lock the door.
ちゃんと6時に彼を起こしてよ。	**Make sure to** wake him up at 6.
ちゃんと締め切りを守ってよ。	**Make sure to** meet the deadline.
ちゃんと辞書を手元に置いておきなさい。	**Make sure that** you have a dictionary handy.
ちゃんと出るときにドアを閉めてってよ。	**Make sure that** you close the door on your way out.

have[keep] ~ handy ～を手元に置いておく

step 2 パターンリアル会話

A She said yes! I asked her out and she said yes!

B Dude,* I'm happy for you! She's your first girlfriend ever.

A I know! Any advice for my first date?

B 何があろうとちゃんと彼女のことをほめるのよ。 Oh, and get her flowers.

A 彼女がオーケーしてくれた！ デートに誘ったらオーケーしてくれたんだ！

B このぉ、よかったじゃない！ 彼女はあなたのはじめてのガールフレンドってわけね。

A そうさ！ はじめてのデートに何かアドバイスは？

B **Make sure to compliment her no matter what.***
ああ、それから彼女に花を持っていってあげて。

Tips!

* dude は「この野郎」「やつ」という意味で、特に男同士で呼び合うときに使う言葉です。

* no matter は「何があっても、かならず」という意味で、主に文の最後か、単独で使います。

step 3 パターンでチャレンジ

ちゃんと電気を全部消してね。

⇒ ______________________ (turn off all the lights)

Audio pattern 143

There's no doubt about/(that)...

〜はまちがいない / 〜に疑いの余地はない

疑うことのないくらい確実だと自信にあふれているときに使うパターンです。about の後ろには（代）名詞や動詞の ing 形が、that 節の後ろには「主語＋動詞」が続きます。

類似パターン There's no question about/(that)... ‖ I have no doubt about/(that)... ‖ I'm sure about/(that)... ‖ I'm positive about/(that)...

step 1 パターントレーニング

それはまちがいない。	**There's no doubt about it.**
彼女が有罪であることはまちがいない。	**There's no doubt about her guilt.**
彼がベストであることはまちがいない。	**There's no doubt that he's the best.**
彼が本当のことを隠しているのはまちがいない。	**There's no doubt that he's hiding the truth.**
僕がジュリアのことを愛しているのはまちがいない。	**There's no doubt that I love Julia.**

step 2 パターンリアル会話

A **Sarah has a crush on* Andrew.** まちがいないわね。

B **Really? If she does, she's hiding it really well.**

A **Trust me. I have a knack for* things like this. She's totally in love.**

B **Wow. Who would've thought?**

A サラはアンドリューに夢中なの。**There's no doubt about it.**

B 本当に？　もしそうなら、彼女は本当にうまく隠してるね。

A 本当よ。私はこういうことには鋭いんだから。彼女完全に恋してるわよ。

B へえ。思ってもみなかったな。

Tips!

* have a crush on... は「〜にホレた」という意味で、普通は片思いを表すときに使います。

* have a knack for... は「〜に才能がある、素質がある」という意味です。

step 3 パターンでチャレンジ

彼が数学が得意なのはまちがいない。

⇒ ____________________ (be good at)

Audio pattern 144

It's likely (that)...

〜のようだ

likely は可能性が高いときによく使われる単語で、It's likely (that)... のパターンを使えば、「〜である可能性が高い」ということが言えます。that は省略してもかまいません。後ろには「主語+動詞」が続きます。

類似パターン It's possible (that)... ‖ It's probable (that)... ‖ It looks like... 〜みたいに見える ‖ It seems (that)... 〜みたいに見える

step1 パターントレーニング

彼は忘れてるようだ。	**It's likely he forgot.**
一晩中雨が降るようだ。	**It's likely it'll rain all night.**
彼はまた遅れるようだ。	**It's likely that he'll be late again.**
彼女は鼻を整形したようだ。	**It's likely that she had a nose job.**
この会議は長引くようだ。	**It's likely that this meeting will last a long time.**

step2 パターンリアル会話

A **Hey, Ed. Why isn't Tom coming?**

B 忘れてるみたいだな。 **You know how he is.**

A **We need him here. Text him.**

B **I'll call him first.**

A ねえエド、どうしてトムは来ないの?
B **It's likely he forgot.** 彼のことだからね。
A ここにいないと困るのよ。メールしてみて。
B その前に電話してみるよ。

step3 パターンでチャレンジ

彼は現われないようだ。

⇒ ________________________________ (show up)

Unit

21

願望の表現

Q. 次の文を英語で言えますか？

- ちょっと休みたい。

  ______ rest for a minute.

- きみにメールを送ってもらいたい。

  ______ e-mail me.

- ただ 30 分眠りたかっただけなんだ。

  ______ sleep for 30 minutes.

- これ見たい？

  ______ see this?

- 手伝ってもらいたい？

  ______ help you?

- 今夜出かけたくない？

  ______ go out tonight?

- 今日は何を食べたい？

  ______ eat today?

- そんなことを言わないほうがいいよ。

  ______ say that.

解答　I want to / I want you to / I just wanted to / Do you want to / Do you want to / Do you want me to / Don't you want to / What do you want to / You don't want to

Audio pattern 145

I want to/wanna...

～したい / ～が欲しい

「何かをしたい」と言うときに使う基本的なパターンです。ネイティブは want to を省略して wanna とよく言います。後ろには動詞の原形が続きます。

類似パターン I would love to... ‖ I'd like to...（ていねいな表現）

step 1 パターントレーニング

2、3日休みを取りたい。	**I want to** take a few days off.
給料を上げてもらいたい。	**I want to** get a pay raise.
自分の車が欲しい。	**I want to** have my own car.
自分のやり方でやりたい。	**I wanna** do it my way.
ヨーロッパでバックパッキングしたい。	**I wanna** go backpacking in Europe.

step 2 パターンリアル会話

A 1週間休みを取りたいのですが。

B What for? I hope it's not something serious.

A My grandmother passed away.

B I'm sorry for your loss.*
You may take all the time you need.

A **I want to take a week off.**
B どうして？　何か深刻なことじゃないといいんだけど。
A 祖母が亡くなったんです。
B それはご愁傷様です。いくらでも必要なだけ時間を取ってかまわないよ。

Tips!
* I'm sorry for your loss. は「心からお悔やみ申し上げます」という意味で、よく使う表現のひとつです。この loss は「死亡」という意味です。

step 3 パターンでチャレンジ

彼女と別れたい。

⇒ ________________________________ (dump)

Audio pattern 146

I want you to...

(きみに) ～してもらいたい

相手に何かをしてほしいと頼んだり指示したりする場合に使うパターンです。I want you to の後ろには動詞の原形が続きます。

類似パターン I'd like you to... (ていねいな表現)

step1 パターントレーニング

手伝いに来てもらいたい。	**I want you to come help me.**
彼を案内してもらいたい。	**I want you to show him around.**
静かにしてもらいたい。	**I want you to be quiet.**
正直になってもらいたい。	**I want you to be honest with me.**
僕のことを信じてもらいたい。	**I want you to trust me.**

step2 パターンリアル会話

A **We're going out for drinks. Why don't you join us?**

B **Me? I don't know anyone. Won't it be awkward?**

A **Come on, it will be fun.**
本当に一緒に来てもらいたいの。

B **Okay, if you insist.***

A みんなで飲みに行くんだけど。一緒に来ない?
B 僕? 誰も知らないしな。気まずくないかな?
A 行きましょうよ、楽しいわよ。
I really want you to come with us.
B わかったよ、きみがそう言うんなら。

Tips!
* if you insist は「そこまで言うのなら、どうしてもそう思うなら」という意味で、相手の頼みをやむを得ず受け入れる場合に使う表現です。

step3 パターンでチャレンジ

ランチをキャンセルしてもらいたい。

⇒ ______________________________ (cancel)

Audio pattern 147

I just wanted to...

ただ〜したかっただけだ

「ただ〜したかっただけなんだ」というニュアンスで言い訳や弁解をするときなどに使うパターンです。

類似パターン I simply wanted to... ‖ I only wanted to... ‖ I merely wanted to...

step1 パターントレーニング

ただきみに会いたかっただけだ。	**I just wanted to see you.**
ただ確かめたかっただけだ。	**I just wanted to make sure.**
ただお礼を言いたかっただけだ。	**I just wanted to say thank you.**
ただ彼と仲良くなりたかっただけだ。	**I just wanted to be friends with him.**
ただちょっと楽しみたかっただけだ。	**I just wanted to have some fun.**

step2 パターンリアル会話

A **I got an F in my math class because I got caught cheating.**

B **Oh my God! What were you thinking?**

A **I know.** ただ成績を少し上げたかっただけなの。

B **I understand the urge, but that was a really bad choice.**

A カンニングがバレて数学のクラスでＦ取っちゃった。
B なんてこった！　いったい何を考えてたんだよ？
A わかってるわよ。**I just wanted to pull up my grade* a little.**
B そういう衝動は理解できるけど、本当にマズい選択をしたね。

Tips!
* pull up one's grade/mark/score は「点数を上げる」という意味で会話でよく使われる表現です。

step3 パターンでチャレンジ

ただきみを助けたかっただけだ。

⇒ ____________________

Audio pattern 148

Do you want to/wanna...?

~したい？ / ~する？

相手の意向をたずねるときに使うパターンです。よく使われるので、口から自然に出るまで練習しましょう。

類似パターン Would you like to...?（ていねいな表現）‖ Wanna...? カジュアルに Do you を省略して言うときもあります。

step1 パターントレーニング

もうちょっと試してみたい？	**Do you want to try some more?**
私たちと買い物に行きたい？	**Do you want to go shopping with us?**
ワインを飲みたい？	**Do you want to drink some wine?**
コンサートに行きたい？	**Do you want to go to the concert?**
賭ける？	**Do you wanna bet?**

step2 パターンリアル会話

A **You can't beat Daniel at tennis. He's just too good!**

B 賭ける？ **The loser buys dinner.**

A **And drinks.**

B **You're on*!**

A ダニエルにはテニスで敵いっこないわよ。すごくうまいんだから！

B **Do you wanna bet?** 負けたほうがディナーをおごりね。

A 飲み物も。

B 決まり！

Tips!

* You're on! は賭けを受け入れて「いいよ！」という意味で使う言葉です。It's on! または I'll take your bet. と言っても同じ意味になります。

step3 パターンでチャレンジ

これを試してみたい？

⇒ ______________________

Audio pattern 149

Do you want me to...?

〜してもらいたい？/〜してほしい？

want 〜 to... とは「〜に…してもらいたい」という意味です。「〜」に me を入れて Do you want me to...？と聞けば、「私に…してもらいたい？」という意味になります。

類似パターン Would you like me to...?（ていねいな表現）

step1 パターントレーニング

一緒に来てもらいたい？	**Do you want me to** come with you?
車で送ってもらいたい？	**Do you want me to** give you a ride?
チェックしてほしい？	**Do you want me to** check?
何か買ってほしい？	**Do you want me to** buy something?
肩を揉んでほしい？	**Do you want me to** massage your shoulders?

step2 パターンリアル会話

A You look beat.*

B Yeah, and I'm starving.
I can't even lift a finger.

A 今夜は夕食を作ってほしい？

B I'd like that, thanks.

Tips!
* beat は「すごく疲れた、疲れて死にそうだ」という意味の会話表現です。

A 疲れてるみたいね。
B ああ、それにお腹がペコペコなんだ。指を持ち上げることさえできないよ。
A **Do you want me to cook dinner tonight?**
B ぜひお願い、ありがとう。

step3 パターンでチャレンジ

何かほかのことをしてもらいたい？

⇒ ________________________________ (anything else)

Audio pattern 150

Don't you want to/wanna...?

〜したくない？

相手の意見を聞くときによく使うパターンです。「ちょっと出かけたくない？」のように提案する場合や、当然そうすると思ったことについてたずねる場合に使います。

類似パターン Don't you feel like...? want to の代わりに feel like を使う場合、後ろには動詞の原形ではなく ing 形を使わなければなりません。

step1 パターントレーニング

もっと知りたくない？ **Don't you want to** know more?

彼にまた会いたくない？ **Don't you want to** see him again?

新鮮な空気を吸いたくない？ **Don't you want to** get some fresh air?

何か食べたくない？ **Don't you wanna** eat something?

彼女が欲しくない？ **Don't you wanna** have a girlfriend?

step2 パターンリアル会話

A Just call her!

B But what if she doesn't answer?

A 彼女にもう一度会いたくないの？
You said you fell in love at first sight.

B Why can't I just text her? It's so much easier.

A 彼女に電話しなさいよ！
B でも、電話に出てくれなかったらどうしよう？
A **Don't you want to see her again?** 一目ぼれしたって言ってたじゃないの。
B メールじゃダメかな？ そのほうがはるかにラクなんだけど。

step3 パターンでチャレンジ

彼女と結婚したくないの？

⇒ ____________________

Audio pattern 151

What do you want to/wanna...?

何を～したい？

何をしたいのか相手の意見を聞くときに使います。

類似パターン What would you like to...?（ていねいな表現）

step1 パターントレーニング

彼になんて言いたい？	**What do you want to** say to him?
私になんて言ってほしいの？	**What do you want to** hear from me?
何を飲みたい？	**What do you want to** drink?
今夜は何をしたい？	**What do you wanna** do tonight?
デートで何をしたい？	**What do you wanna** do on your date?

step2 パターンリアル会話

A　今度の週末、何したい？

B　We haven't had a real date in a while.
Let's go out, just the two of us.

A　That sounds like a great idea. 何したい？

B　Surprise me.

A　**What do you want to do this weekend?**
B　しばらくデートらしいデートをしてないね。出かけようよ、ふたりっきりで。
A　いいわね。**What do you want to do?**
B　まかせるよ。

step3 パターンでチャレンジ

何を専攻したい？

⇒ ________________________ (major in)

Audio pattern 152

You don't want to/wanna...

～しないほうがいい

You don't want to... は直訳すると「あなたは～したくない」となりますが、このパターンは「何かをしないほうがいい」という意味の忠告をあたえるときなどによく使います。

類似パターン I don't think you should... ‖ You shouldn't... ‖ You had better not...

step 1 パターントレーニング

知らないほうがいいよ。	**You don't want to know.**
そこには行かないほうがいいよ。	**You don't want to go there.**
彼のことをそう呼ばないほうがいいよ。	**You don't wanna call him that.**
あせってやらないほうがいいよ。	**You don't want to rush into it.**
彼を敵にまわさないほうがいいよ。	**You don't wanna get on his bad side.**

get on one's bad side ～を敵にまわす（↔ get on one's good side）

step 2 パターンリアル会話

A **Why aren't you telling me anything?**

B きみは関わらないほうがいいよ。

A **You always say that. But I feel left out.***

B **I'm sorry, but the less you know, the better it is.**

A どうして私に何も言わないの？

B **You don't want to get involved.**

A いっつもそう言うんだから。でも、私だけ仲間外れみたいじゃない。

B 悪いとは思うけど、知らないほうがいいよ。

Tips!

* left out は「ひとりぼっちの、除外された」という意味でよく使われる表現です。この例文のように動詞 feel と一緒に使われます。

step 3 パターンでチャレンジ

そんなことしないほうがいいよ。

⇨ ______________________________

Unit

22

感謝・謝罪の表現

Q. 次の文を英語で言えますか？

- 手伝ってくれてありがとう。

  ＿＿＿＿＿＿ helping me.

- あとで教えていただけるとありがたいのですが。

  ＿＿＿＿＿＿ you could tell me later.

- 家まで車で送ってくれて本当にありがとう。

  ＿＿＿＿＿＿ drive me home.

- 遅れてごめん。

  ＿＿＿＿＿＿ being late.

- 彼女にウソをついて申し訳ない。

  ＿＿＿＿＿＿ lying to her.

- 面倒かけてごめんね。

  ＿＿＿＿＿＿ bother you.

- パーティーに行けなくてごめん。

  ＿＿＿＿＿＿ come to your party.

解答　Thank you for / I'd appreciate it if / It's very nice of you to / I'm sorry for / I feel bad about / I'm sorry to / I'm sorry (that) I can't

Audio pattern 153

Thank you for...

～してくれてありがとう

Thank you. の後ろに for が付くと、何に対して「ありがたい」のかを表現できます。for の後ろには（代）名詞や動詞の ing 形が続きます。

類似パターン I appreciate...

step1 パターントレーニング

骨を折ってくれてありがとう。	**Thank you for your trouble.**
ほめてくれてありがとう。	**Thank you for the compliment.**
本当の友だちでいてくれてありがとう。	**Thank you for being a true friend.**
正直に言ってくれてありがとう。	**Thank you for your honesty.**
貴重なアドバイスをしてくれてありがとう。	**Thank you for giving me valuable advice.**

step2 パターンリアル会話

A ロジャースへお電話ありがとうございます。
My name is John. How may I help you?

B **Hi. I'm calling because my Internet is not working.**

A **Okay, ma'am.**
I'm going to ask a few questions to verify your identity.

B **Sure.**

A **Thank you for calling Roger's.** ジョンと申します。どういったご用件でしょうか？
B こんにちは。インターネットの調子が悪くてお電話しました。
A かしこまりました。ご本人であることを確認するためにいくつか質問させていただきます。
B どうぞ。

step3 パターンでチャレンジ

思い出させてくれてありがとう。

⇒ ________________________________ (reminder)

Audio pattern 154

I'd appreciate it if...

～していただけるとありがたいのですが

相手にていねいに頼む場合に使うといい表現です。この I'd は I would の略で if の後ろには「主語＋動詞」が続きます。

類似パターン I'd be thankful if... ‖ I'd be grateful if...

step1 パターントレーニング

お電話いただけるとありがたいのですが。	**I'd appreciate it if you called me.**
知らせていただけるとありがたいのですが。	**I'd appreciate it if you let me know.**
随時ご連絡いただけるとありがたいのですが。	**I'd appreciate it if you kept me posted.**
このことはここだけの話にしておいていただけるとありがたいのですが。	**I'd appreciate it if you could keep this between us.**
至急折り返しご連絡いただけるとありがたいのですが。	**I'd appreciate it if you could get back to me ASAP.**

ASAP できるだけ早く（as soon as possible の略）

step2 パターンリアル会話

A **Is Mr. Kim in?**

B **He's in a meeting right now. May I take a message?**

A **Yes.** 至急ご連絡いただけるとたすかりますとお伝えください。
Tell him it's Mr. Lee from marketing. He'll know.

A キムさんはいらっしゃいますか？
B ただ今打ち合わせ中です。ご伝言を承りましょうか？
A ええ。**Please tell him I'd appreciate it if he could call me ASAP.**
マーケティングのリーと言っていただければわかると思います。

step3 パターンでチャレンジ

アドバイスをいただけるとありがたいのですが。

→ ________________________ (give ... advice)

Audio pattern 155

It's very nice of you to...

～してくれて本当にありがとう

相手の行動や言葉に対して感謝の気持ちを表現する場合に使うといいパターンです。toの後ろには動詞の原形が続きます。

類似パターン It's so nice of you to... ‖ It's very kind of you to... ‖ How nice of you to...

step 1 パターントレーニング

そう言ってくれて本当にありがとう。	**It's very nice of you to say so.**
心配してくれて本当にありがとう。	**It's very nice of you to worry about me.**
家まで送ってくれて本当にありがとう。	**It's very nice of you to take me home.**
手伝ってくれると言ってくれて本当にありがとう。	**It's very nice of you to offer to help out.**
ディナーに招いてくれて本当にありがとう。	**It's very nice of you to invite us to dinner.**

step 2 パターンリアル会話

A 家まで送ってくれて本当にありがとう。

B **It's no problem. It's on the way anyway.**

A **You should get going. It's very late.**

B **Okay. I'll see you tomorrow, then.**

A **It's very nice of you to take me home.**
B 別にいいって。どっちみち帰り道だから。
A もう行ったほうがいいわよ。こんな時間だし。
B わかったよ。じゃあまた明日。

step 3 パターンでチャレンジ

妹の勉強をみてくれて本当にありがとう。

→ ______________________ (tutor)

Audio pattern 156

I'm sorry for...

～に対してごめん / ～してごめん

I'm sorry の後ろに for を使うと、何に対して「ごめん」なのかを言えます。for は前置詞なので、後ろには（代）名詞や動詞の ing 形が続きます。

類似パターン I apologize for...

step1 パターントレーニング

面倒かけてごめん。 **I'm sorry for the trouble.**

ウソついてごめん。 **I'm sorry for lying.**

遅れてごめん。 **I'm sorry for being late.**

怒鳴ったりしてごめん。 **I'm sorry for yelling at you.**

何もかもごめん。 **I'm sorry for everything.**

step2 パターンリアル会話

A　八つ当たりしたりしてごめん。

B　**Did something happen?**

A　**I just had a really bad day. Everything seemed to go wrong.**

B　**I've had those days, too. I know how it feels.**

Tips!

* take one's anger out on ... は「～に八つ当たりする」という意味です。

A　**I'm sorry for taking my anger out on you.***

B　何かあったの？

A　今日は本当に最悪の日だったわ。やることなすことうまくいかないみたいだった。

B　僕もそういう日があるよ。どんな感じかわかる。

step3 パターンでチャレンジ

待たせてごめん。

⇒ ________________________ (make ... wait)

Audio pattern 157

I feel bad about...

〜して申し訳ない / 〜して悪いと思う

自分がやったことに関して申し訳なく感じる場合や、気分が悪いと言うときに使います。about は前置詞なので、後ろには（代）名詞や動詞の ing 形が続きます。

類似パターン I feel guilty about... ‖ I feel sorry about... ‖ I feel terrible/awful about... terrible や awful は bad より強い表現です。

step1 パターントレーニング

失敗して申し訳ない。 **I feel bad about** my mistake.

彼をデブ呼ばわりして申し訳ない。 **I feel bad about** calling him fat.

彼女にウソをついて申し訳ない。 **I feel bad about** lying to her.

彼女をだまして申し訳ない。 **I feel bad about** cheating on her.

きみの気持ちを傷つけて申し訳ない。 **I feel bad about** hurting your feelings.

step2 パターンリアル会話

A ヨーコに悪いこと言っちゃったな。

B Why? What did you say?

A I told her that she's a bit vain.*

B She's a little touchy* about that. Just apologize to her.

A **I feel bad about what I said to Yoko.**

B どうして？ なんて言ったの？

A ちょっと見えっぱりだって言ったの。

B 彼女はそのことにちょっと敏感だからね。謝っておきなよ。

Tips!

* vain は自分の外見や能力を自慢したがる人を表現する単語です。特に外見に気を使う人のことを言うときに使います。

* touchy は「敏感な、過敏な」という意味で sensitive と同じ意味です。

step3 パターンでチャレンジ

今日の午後のことは申し訳なく思ってる。

⇒ ______________________________ (happen)

Audio pattern 158

I'm sorry to...

～してすまないと思う / ～して気の毒に思う

遺憾の意を表す場合や謝る場合によく使われるパターンです。I'm sorry to... の後ろには動詞の原形が続きます。

類似パターン I regret to... 遺憾の意を表す場合、このように言い換えることができます。

step 1 パターントレーニング

それはお気の毒に。	**I'm sorry to** hear that.
こんな夜遅くに電話してごめんね。	**I'm sorry to** call you so late at night.
待たせてごめんね。	**I'm sorry to** keep you waiting.
邪魔してごめんね。	**I'm sorry to** interrupt you.
こんなに悪い知らせでごめんね。	**I'm sorry to** give you such bad news.

step 2 パターンリアル会話

A　話の途中で悪いけど、but can you hold on a second?

B　Sure. What is it?

A　There's someone at the door.

B　Oh. Then we can talk another time. I'll call you later.

A　**I'm sorry to interrupt,** 電話切らないで待っててくれる？
B　いいよ。どうしたの？
A　誰か玄関に来たみたい。
B　ああ。それじゃ、また今度話そう。そのうち電話するよ。

step 3 パターンでチャレンジ

がっかりさせてごめんね。

⇒ ______________________________ (disappoint)

Audio pattern 159

I'm sorry (that) I can't...

〜できなくてごめん

あることをできなくなったことに対して謝るときに使います。that はよく省略され、can't の後ろには動詞の原形を使います。

類似パターン I'm sorry to say (that) I can't... ‖ I'm sorry, but I can't... 状況によって「申し訳ないけど〜できない」とも言えます。

step 1 パターントレーニング

パーティーに行けなくてごめん。 **I'm sorry that I can't** go to your party.

手伝えなくてごめん。 **I'm sorry that I can't** help you.

それに答えられなくてごめん。 **I'm sorry I can't** answer that.

もっと一緒に過ごせなくてごめん。 **I'm sorry I can't** spend more time with you.

お金を今返せなくてごめん。 **I'm sorry I can't** pay you back now.

step 2 パターンリアル会話

A そこにいてあげられなくてごめん。

B It's okay. Just talking to you makes me feel better.

A You know you can always tell me anything, right?

B Thank you.

A **I'm sorry that I can't be there for you.***

B 大丈夫。あなたと話せるだけでも私はいいの。

A なんでもいいからいつでも話してくれよな。

B ありがとう。

Tips!

* be there for... は慰めたり助けたりするために「誰かのそばにいてあげる」という意味です。例：I'll be there for you.（私がそばにいてあげる）

step 3 パターンでチャレンジ

今夜は残業できなくてごめん。

⇒ ________________ (work overtime)

Unit

23

好き・嫌いの表現

Q. 次の文を英語で言えますか？

- 音楽を聞くのが好きだ。
  _____ listening to music.
- スポーツの話題が好きじゃない。
  _____ to talk about sports.
- サッカーをするのが大好きだ。
  _____ playing soccer.
- 彼女が僕にほほ笑んでくれるのが大好きだ。
  _____ she smiles at me.
- きみがそういうことをするのがイヤだ。
  _____ you do that.
- 彼女の言ったことは気にしない。
  _____ what she said.
- 専攻を変える気ある？
  _____ changing your major?
- ジョーイには興味がない。
  _____ Joey.

解答　I like / I don't like / I love / I love it when / I hate it when / I don't care about / Are you interested in / I'm not interested in

Audio pattern 160

I like...

～（するの）が好きだ

I like... は「私は歌うのが好きだ」のように自分について話すときにとてもよく使うパターンです。I like の後ろには動詞の ing 形や to+ 動詞の原形が続きます。会話ではどちらも区別なく使います。

類似パターン I enjoy -ing

step 1 パターントレーニング

音楽を聞くのが好きだ。 **I like listening to music.**

カラオケに行くのが好きだ。 **I like going to karaoke.**

子どもと遊ぶのが好きだ。 **I like playing with children.**

きみがニコッとするのが好きだ。 **I like to see you smile.**

自己啓発本を読むのが好きだ。 **I like to read self-help books.**

self-help book 自己啓発本

step 2 パターンリアル会話

A **What do you like to do in your spare time?**

B ブログを更新するのが好きなの。

A **You have a blog? What do you write about?**

B **I'm into* cooking, so I post recipes and share stories about my cooking.**

A ヒマなときは何をするのが好き？

B **I like to update my blog.**

A ブログやってるんだ？ どんなことを書いてるの？

B 料理にハマってるから、レシピをアップしたり、料理のときのエピソードなんかを共有してるの。

Tips!

* be into... は「～が好き」という意味です。関心のある分野について語るときや、異性の友だちが好きというときに使います。

step 3 パターンでチャレンジ

ホラー映画を観るのが好きなの。

⇒ ＿＿＿＿＿＿＿＿＿＿＿＿＿＿＿ (horror movies)

Audio pattern 161

I don't like...

～（するの）が好きじゃない

I like... とは反対に「私は～が好きじゃない」と言うときに使うパターンです。後ろに動詞の ing 形か to ＋動詞の原形のどちらでも使うことができます。

類似パターン I dislike... dislike の後ろには動詞の ing 形だけが使えます。 ‖ I don't enjoy -ing

step1 パターントレーニング

ポップミュージック聞くのが好きじゃない。 **I don't like listening to pop music.**

家事をするのが好きじゃない。 **I don't like doing household chores.**

彼女の近くにいるのが好きじゃない。 **I don't like being around her.**

同じことを繰り返し言うのは好きじゃない。 **I don't like to repeat myself.**

小論文を書くのが好きじゃない。 **I don't like to write essays.**

step2 パターンリアル会話

A **Hey, check this out. Isn't it cool?**

B ヒップホップってあんまり聴くの好きじゃないのよね。

A **Oh. What do you listen to?**

B **I listen to ballads mostly.**
They're so nice.

A ねえ、これ聴いてみてよ。カッコよくない?
B **I don't really like listening to rap music.**
A ああ、そう。何を聴くの?
B バラードが多いかな。すごくいいわよ。

step3 パターンでチャレンジ

遅れるのは好きじゃない。

⇒ ________________________________ (be late)

Audio pattern 162

I love...

～（するの）が大好きだ

love といえば「愛」という単語がまっさきに浮かびますが、ネイティブは「本当に～が好き」という意味で動詞の love をよく使います。知らない人から助けてもらって「本当にありがたい」という意味で I love you. と言うくらい会話ではよく使います。love の後ろには動詞の ing 形か to ＋動詞の原形のどちらでも使うことができます。

類似パターン I really like...

step1 パターントレーニング

アメリカのテレビドラマを観るのが大好きだ。	**I love watching American TV series.**
料理するのが大好きだ。	**I love cooking.**
友だちとつるむのが大好きだ。	**I love to hang out with my friends.**
クラブに行くのが大好きだ。	**I love to go clubbing.**
テレビで野球を見るのが大好きだ。	**I love to watch baseball on TV.**

step2 パターンリアル会話

A アメリカのテレビドラマを観るのが大好きなんだ。

B **Me too! What are you watching these days?**

A ***The Big Bang Theory*.**

B **I love that show! Sheldon's so cute!**

A **I love watching American TV series.**
B 私も！　最近は何を見てるの？
A The Big Bang Theory だよ。
B そのドラマ大好き！　シェルドンってすっごくカワイイわよね！

step3 パターンでチャレンジ

きみの笑顔を見るのが大好きだ。

⇒ ________________

Audio pattern 163

I love it when...

~するときが大好きだ

「~が私にほほ笑んでくれるのが本当に大好きだ（うれしい）」と言うような場合に使います。I love it when... の後ろには「主語+動詞」が続きます。

類似パターン I really like it when...

step1 パターントレーニング

きみが僕にほほ笑んでくれるのが大好きだ。	**I love it when** you smile at me.
きみが僕のことをそんなふうに呼んでくれるのが大好きだ。	**I love it when** you call me that.
外が晴れているときが大好きだ。	**I love it when** it's sunny outside.
布団に入るときが大好きだ。	**I love it when** I get to sleep in.
きみたちふたりがうまくいっているのが大好きだ。	**I love it when** you two get along.

step2 パターンリアル会話

A 私は天気がいいのが大好き。

B I like rainy days better.

A Why? There's nothing to do on a rainy day.
You*'re stuck at home.

B You can enjoy some time alone at home.

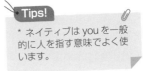

Tips!
* ネイティブは you を一般的に人を指す意味でよく使います。

A **I love it when it's sunny outside.**
B 僕は雨の日のほうが好きだな。
A どうして？ 雨が降ってたら何もすることがないじゃない。家から出られなくて。
B 家で一人の時間を楽しめるよ。

step3 パターンでチャレンジ

何もすることがないのが好きなの。

⇒ ______________________ (nothing to do)

Audio pattern 164

I hate it when...

～するときがイヤだ

I love it when... とは反対に、物事が自分の思いどおりにいかないときなどに「～が本当にイヤだ」と言うような場合に使うパターンです。when の後ろには「主語＋動詞」が続きます。

類似パターン I really don't like it when... ‖ I can't stand it when...

step1 パターントレーニング

思いどおりにならないのがイヤだ。	**I hate it when I don't get my way.**
背が低いと言われるのがイヤだ。	**I hate it when people say I'm short.**
きみがそういうことをするのがイヤだ。	**I hate it when you do that.**
自分がまちがっているのがイヤだ。	**I hate it when I'm wrong.**
髪型が決まらない日がイヤだ。	**I hate it when I have a bad hair day.**

a bad hair day 髪型が決まらない日

step2 パターンリアル会話

A **He was cheating on me with Sally.**

B **I told you so*!**

A そんなこと言うあなたってキライよ。

B **Sorry. But I knew he was bad news* the moment I saw him.**

A 彼ったらサリーとグルになって私のことだましてたのよ！
B だからそう言ったろ！
A **I hate it when you say that.**
B 悪かったよ。でも一目見た瞬間からあいつはイヤなやつだとわかってたよ。

Tips!

* I told you so! は「ほら、そうなると思った！」「だから言ったでしょ！」という意味で、会話でよく使います。似たような表現には I knew it！（そうなるとわかってたよ！）があります。

* bad news は会話で「悪いやつ、悩ませるやつ」という意味で使います。

step3 パターンでチャレンジ

あなたが私に何か隠してるのがイヤ。

⇒ ________________________ (hide things from)

Audio pattern 165

I don't care (about)...

～は気にしない

I don't care. は会話では本当によく使う表現のひとつです。後ろに about を使えば「何を気にしないのか」を言えます。about の後ろには（代）名詞、名詞節などの名詞類が続きますが、名詞節が続くときはよく about が省略されます。

類似パターン I don't pay attention to...

step 1 パターントレーニング

もう彼のことは気にしない。	**I don't care about** him anymore.
見かけのことはあまり気にしない。	**I don't care about** looks a lot.
あなたの言うことは気にしない。	**I don't care (about)** what you say.
彼らが私のことをどう思おうと気にしない。	**I don't care (about)** what they think of me.
彼が私のことを嫌ってても気にしない。	**I don't care** if he hates me.

step 2 パターンリアル会話

A I want a boyfriend. I've been single for so long.

B I can set you up with* someone. What do you look for in guys?

A ルックスはあまり気にしない。 My last boyfriend was a looker,* and...

B Let me guess. He was a jerk.*

A 彼氏が欲しいな。ずっといないから。

B 誰かセッティングしてあげようか。男の人には何を求めるの？

A **I don't care much about looks.** 前の彼は見た目はよかったんだけど…

B 当てさせて。バカだったんでしょ。

Tips!

* set A up with B は「A を B に紹介する」という意味です。

* looker は「ハンサムな（かわいい）人」を意味します。

* jerk は普通、男の人の悪口を言うときに使う単語で、「悪いやつ、クソ野郎」くらいの意味です。

step 3 パターンでチャレンジ

彼女の言ったことは気にしない。

⇒ ______

Audio pattern 166

Are you interested in...?

～に興味ある?/～する気はある?

Are you interested in politics?（政治に興味ある?）のように「～に興味がある?」と聞くときだけでなく、Are you interested in modeling?（モデルの仕事に興味ある?）のように勧誘するときにも使われます。

類似パターン Do you like...?（興味があるか聞いてみるとき）‖ Do you have an/any interest in...? ‖ Would you like to...?（勧誘するとき）

step1 パターントレーニング

車に興味ある? **Are you interested in cars?**

私に興味ある? **Are you interested in me?**

社会学を専攻する気ある? **Are you interested in majoring in sociology?**

中国語を勉強する気ある? **Are you interested in learning Chinese?**

写真部に入る気ある? **Are you interested in joining the photography club?**

step2 パターンリアル会話

A ブラインドデートする気ある?

B **What kind of girl is she?**

A **She's a very nice girl. She's the cute type.**

B **Set it up. I like cute girls.**

A **Are you interested in a blind date?**
B どんな子?
A とってもいい子よ。かわいいタイプ。
B セッティングして。かわいい子は好きだから。

step3 パターンでチャレンジ

スターになることに興味ある?

⇒ ______________________________

Audio pattern 167

I’m not interested in...

～に興味はない / ～する気はない

左ページの「～に興味ある？」というパターンに対して断る場合に使えるパターンです。in の後ろには（代）名詞、名詞節などの名詞類が続きます。

類似パターン I don’t like...（好きではないと言うとき）‖ I don’t want to...（そうするつもりではないと言うとき）‖ I have no interest in...

step1 パターントレーニング

あなたには興味がない。	**I’m not interested in** you.
バスケットボールには興味がない。	**I’m not interested in** basketball.
あなたの言い訳を聞く気はない。	**I’m not interested in** your excuses.
あなたと一緒に働く気はない。	**I’m not interested in** working with you.
他人がどう思おうと興味がない。	**I’m not interested in** what other people think.

step2 パターンリアル会話

A Hey, Betty. You’re looking fine* as usual.

B Get lost*!

A Ooh. Isn’t that a little cold?

B あなたには興味がないの。 Stop hitting on* me.

A やあベティ。あいかわらずカワイイね。
B あっち行ってよ！
A おっと。そりゃちょっと冷たすぎるんじゃない？
B **I’m not interested in you.** 私に話しかけないでちょうだい。

Tips!

* fine は異性の外見について話すときに使うと、「素敵な」「かっこいい」という意味になります。fine の代わりに hot もよく使います。
* get lost は「道に迷う」というときに使いますが、命令文で使うと「あっち行け！」という意味になります。
* hit on は「異性にアプローチする」という意味です。

step3 パターンでチャレンジ

グロリアみたいな女の子にはまったく興味がないんだ。

⇒ ______________________________

PART 4

まちがいやすいけど、ネイティブはよく使う
ネイティブ式重要パターン

Unit

24

have p.p.

＊ p.p. は過去分詞（past participle）を指します

Q. 次の文を英語で言えますか？

- ずっと彼のことが好きだったの。
  ＿＿＿＿＿＿ liked him.
- それは見たことがない。
  ＿＿＿＿＿＿ seen it.
- きみの家には行ったことがない。
  ＿＿＿＿＿＿ your place.
- 3カ月間ずっと運動を続けている。
  ＿＿＿＿＿＿ exercising for 3 months.
- 海外旅行したことある？
  ＿＿＿＿＿＿ traveled overseas?
- 聞いてないの？
  ＿＿＿＿＿＿ heard?
- あれはこれまで食べた中でいちばんおいしいアイスだった。
  ＿＿＿＿＿＿ the best ice cream ＿＿＿＿＿＿ had.

解答　I have always / I have never / I have never been to / I have been / Have you ever / Haven't you / That was, (that) I've ever

Audio pattern 168

I've always p.p.

ずっと〜だった

「前からずっとアメリカに行きたかったんだ」のように、長い間の念願を表現する場合に使うパターンです。always は「いつも」という意味ですが、have p.p.（過去分詞）の現在完了時制と一緒に使われると、「本当に長い間、昔から、いつも」というニュアンスを表します。I've は I have の略です。

類似パターン I have p.p. for a long time ‖ I have p.p. for ages

step1 パターントレーニング

ずっとフランスに行ってみたかったの。	**I have always wanted** to go to France.
ずっと彼のことが好きでたまらなかったの。	**I've always had** a thing for him.
ずっと歌ったり踊ったりするのが大好きだったの。	**I've always loved** to sing and dance.
ずっとクリスマスを家族と過ごしてるの。	**I've always spent** Christmas with my family.
ずっと彼女はカワイイと思ってたんだ。	**I've always thought** she was hot.

step2 パターンリアル会話

A Have you ever gone water skiing?

B ずっとやってみたいと思ってたの , but I didn't have anyone to do it with.

A Same here! Do you want to go together this summer?

B That's a great idea!

A 水上スキーってしたことある？
B **I've always wanted to try it,** でも一緒にやってくれる人がいなくて。
A 僕もなんだ！ 今年の夏は一緒に行かない？
B それはいいわね！

step3 パターンでチャレンジ

ずっと自営業をしたいと思ってたんだ。

⇒ ______________________________ (be self-employed)

MP3 pattern 169

I've never p.p.

～したことがない

経験がまったくないことについて話す場合に使うパターンです。I've はI haveの略で、会話ではよく使われます。

step 1 パターントレーニング

留学したことはない。	**I have never studied** abroad.
入院したことはない。	**I have never been** hospitalized.
彼のことは聞いたことがない。	**I've never heard** of him.
ペットを飼ったことはない。	**I've never had** a pet.
彼女ができたことがない。	**I've never had** a girlfriend before.

step 2 パターンリアル会話

A Remember to do the dishes after dinner.

B Why am I always the one to do the dishes?

A あなたの妹が文句を言うのを聞いたことはないわよ。
Why can't you be like her?

B Don't compare me to her.

A 夕食の後、お皿を洗うのを忘れないでよ。
B なんでいつも僕が皿洗いしなきゃいけないわけ？
A **I've never heard your sister complain.** どうして彼女みたいになれないの？
B 僕と妹を比べないでよ。

step 3 パターンでチャレンジ

一軒家に住んだことがない。

⇒ ________________________________ (house)

MP3 pattern 170

I've never been (to)...

~には行ったことがない

「~には行ったことがない」と話す場合には、go の過去分詞形である gone ではなく been を使います。後ろには副詞か「to +場所名」などの副詞句が続きます。

step1 パターントレーニング

ローマには一度も行ったことがない。	**I have never been to** Rome.
ディズニーワールドには一度も行ったことがない。	**I have never been to** Disney World.
セミナーには一度も行ったことがない。	**I have never been to** a seminar.
チェジュ島には一度も行ったことがない。	**I've never been to** Jeju Island.
そこには一度も行ったことがない。	**I've never been** there.

step2 パターンリアル会話

A I'm going to Europe with my family this summer.

B Are you going to France?

A Of course. We're going to stay in Paris for a couple of days.

B Oh, I envy you. パリには一度も行ったことがないんだ。
It's always been my dream to go there.

A 今年の夏は家族と一緒にヨーロッパに行くの。
B フランスには行くの?
A もちろん。パリに 2、3 泊するつもり。
B うらやましいなあ。**I've never been to Paris.** 行くのがずっと夢なんだよ。

step3 パターンでチャレンジ

シンガポールには一度も行ったことがない。

⇒ ______________________________

MP3 pattern 171

I've been -ing

ずっと〜している

have been -ing の現在完了進行形の時制は、「一定期間、ずっと続いている状態」を表します。「数時間」や「1日中」など短い期間だけでなく、「数カ月」「数年間」など長い期間ずっと続いている場合にも使えます。

step 1 パターントレーニング

ジュンとしばらく付き合ってるの。	**I've been seeing Jun for a while.**
5時間ぶっつづけで勉強している。	**I've been studying for 5 hours straight.**
1週間ずっとこの仕事にかかりっきりになっている。	**I've been working on this project all week.**
空手を5年間習っている。	**I've been learning Karate for 5 years.**
1日中ずっとエミリーを探している。	**I've been looking for Emily all day.**

step 2 パターンリアル会話

A **Finally! Where are you?** あちこち探したのよ！

B **I'm at an Internet café.**

A **What? What about our project?**

B **I'm really sorry. I'm on my way.**

A（友だちが電話に出て）やっとつながった！　どこにいるの？
I've been looking all over for you*!
B インターネットカフェにいるんだ。
A え？　私たちの予定はどうなったの？
B 本当にすまない。もう家に帰るところなんだ。

Tips!
* look all over for... は「〜を探すためにあっちこっち回りまくった」という意味です。all over の代わりに everywhere を使って、look everywhere for と言うこともできます。

step 3 パターンでチャレンジ

専攻を変えることをしばらく考えている。

⇒ ________________________________ (change major)

MP3 pattern 172

Have you ever p.p.?

〜したことある？

「〜したことある？」と相手の経験についてたずねる場合に使います。「〜に行ったことある？」と聞くときには Have you ever gone...? ではなく、Have you ever been...? を使うことに注意してください。

step1 パターントレーニング

そこに行ったことある？	**Have you ever been there?**
この映画観たことある？	**Have you ever seen this movie?**
ブラインドデートしたことある？	**Have you ever been on a blind date?**
スキューバダイビングしたことある？	**Have you ever gone scuba diving?**
断食したことある？	**Have you ever fasted before?**

fast 断食する

step2 パターンリアル会話

A 『ゴシップ・ガール』って観たことある？

B **I watched a few episodes of it. Why?**

A **Don't you think it's great? It's my favorite show!**

B **Well... It's not really my cup of tea.***

A **Have you ever watched Gossip Girl?**
B 何回か見たことあるよ。なんで？
A おもしろいと思わない？ お気に入りの番組なの！
B うーん…ぶっちゃけ僕は好きじゃないな。

Tips!

* be not my cup of tea は「私の好みじゃない」という意味です。異性、職業、トピック、ジャンル、スポーツなどいろんなことに使えます。

step3 パターンでチャレンジ

献血したことある？

⇒ ＿＿＿＿＿＿＿＿＿＿＿＿＿＿＿＿＿＿ (donate blood)

MP3 pattern 173

Haven't you p.p.?

~してないの？/ ~したことないの？

「今日のニュース見てないの？」といった質問をする場合や、「まだ終わってないの？」と相手を追及する場合によく使うパターンです。Haven't は Have not の略です。

類似パターン You haven't p.p.? 会話では、特に追及するときなど、このように言う場合が多いです。

step1 パターントレーニング

そのニュースを聞いたことないの？	**Haven't you heard** the news?
それについてまだ考えたことないの？	**Haven't you thought** about it yet?
まだ宿題終わってないの？	**Haven't you finished** your homework yet?
ここで５年間働いてないの？	**Haven't you worked** here for 5 years?
私がしといてって言ったことしてないの？	**Haven't you done** what I told you to do?

step2 パターンリアル会話

A What happened to Saki? I haven't seen her around for a long time.

B 聞いてないの？

A Heard what?

B She went to Canada to study English. It's been about a month.

A サキは何かあったの？　長いこと見かけてないけど。
B **Haven't you heard?**
A 何を？
B 彼女、英語を勉強しにカナダへ行ったのよ。もう１カ月になるかしら。

step3 パターンでチャレンジ

あの映画観てないの？

⇒ ________________________________

MP3 pattern 174

That was 最上級 (that) I've ever p.p.

これまで～した中で最も…な～だった

「自分が今まで経験した中で最も～だ」と言う場合に使います。

類似パターン I've never p.p. a better... (before)「(前に) これよりもっといい～を…したことがない」と言い換えることができます。

step1 パターントレーニング

これまで食べた中で最高の寿司だった。	**That was the best Sushi I've ever had.**
これまでした中で最悪のデートだった。	**That was the worst date I've ever been on.**
これまでした中で最大のミスだった。	**That was the biggest mistake I've ever made.**
これまで観た中でいちばん退屈な映画だった。	**That was the most boring movie I've ever watched.**
これまで聴いた中で最高の曲だ。	**This is the best song I've ever heard.**

step2 パターンリアル会話

A これまで観た中で最高の映画だったわ！

B **Yeah, it was good.**

A **Yeah, right.* You slept through half of it.**

B **All right. You got me.* But it was so boring.**

A **That was the best movie I've ever watched!**
B うん、よかったよね。
A あら、そう。半分寝てたくせに。
B わかったよ。バレてたか。だって、すごく退屈だったんだもん。

Tips!

* このYeah, right.は「うん、そう」という意味ではなく、相手の言うことを信用しないで、「冗談やめてよ」「へえ、そうなんだ」と皮肉をこめて言う表現です。

* You got me.は隠そうとしたことがバレたときに「バレたね」という意味で使われます。また、「わからない」という意味でもよく使われます。

step3 パターンでチャレンジ

これまで読んだ中でいちばん感動的な本だった。

⇒ ______________________________ (touching)

Unit

25

should have p.p.

Q. 次の文を英語で言えますか？

- きみの言うことを聞くべきだった。

  ______ listened to you.

- きみは彼を手伝うべきだった。

  ______ helped him.

- 彼女にウソなんてつくんじゃなかった。

  ______ lied to her.

- きみは彼のアドバイスを無視するべきじゃなかった。

  ______ ignored his advice.

- きみは忘れてしまったにちがいない。

  ______ forgotten.

- それを家に置いてきたかもしれない。

  ______ left it at home.

解答 I should have / You should have / I shouldn't have / You shouldn't have / You must have / I might have

Audio pattern 175

I should have p.p.

～すべきだった / ～すればよかった

過去のことについて後悔やくやしさを表現する場合に使うパターンです。ささいなことから重大なことまで使える便利な表現なので必ず覚えましょう。会話では should have を略して should've と言います。

類似パターン I ought to have p.p. ‖ I regret not... 後ろには動詞の ing 形が来なければなりません。たとえば、下の最初の例文は I regret not listening to my mom. になります。

step1 パターントレーニング

お母さんの言うことを聞くべきだった。 **I should have listened** to my mom.

もっと注意するべきだった。 **I should have been** more careful.

きみにアドバイスを求めるべきだった。 **I should have asked** for your advice.

彼女に結婚を申し込むべきだった。 **I should have asked** her to marry me.

白状するべきだった。 **I should've** just **come** clean.

come clean 白状する

step2 パターンリアル会話

A ゆっくり運転するべきだったわ。

B Why? Did you get a ticket or something?

A Yeah. A police officer came out of nowhere* and gave me a ticket for speeding.

B How fast were you going?

Tips!
* come out of nowhere は「どこからともなく急に現れた」という意味です。

A **I should've driven slowly.**
B どうして？　キップ切られたりしたの？
A うん。おまわりさんが急に現れてスピード違反のキップ切られたの。
B どのくらい飛ばしてたの？

step3 パターンでチャレンジ

まず彼に電話するべきだった。

⇒ ______

MP3 pattern 176

You should have p.p.

（きみは）～すべきだったのに / ～すればよかったのに

相手が過去にやったことに対して「～すればよかったのに」と忠告や追及をする場合に使うパターンです。会話では should have を略して should've とも言います。

類似パターン You ought to have p.p.

step1 パターントレーニング

僕に話すべきだったのに。	**You should have told me.**
もっと早く彼をふるべきだったのに。	**You should have dumped him sooner.**
もっとキャシーにやさしくするべきだったのに。	**You should've been nicer to Kathy.**
他のシャツを買うべきだったのに。	**You should've bought the other shirt.**
課題を仕上げるべきだったのに。	**You should've completed the assignment.**

step2 パターンリアル会話

A Can you help me with this?

B Didn't you say that you were finished?
That's what you said when I offered to help.

A Well… I kind of lied. I didn't want to look irresponsible.

B 僕に本当のことを言えばよかったのに。

A これ手伝ってくれない？
B もう終わったって言ってなかったっけ？　手伝おうかって言ったとき、きみはそう言ったけど。
A うーん…ちょっとウソついちゃったの。無責任だと思われたくなくて。
B **You should've just told me the truth.**

step3 パターンでチャレンジ

きみは約束を守るべきだったのに。

⇒ ________________________ (keep one's promise)

Audio pattern 177

I shouldn't have p.p.

～するんじゃなかった

過去のことについて「～しなきゃよかった」と後悔を表す場合に使うパターンです。shouldn't は should not の略です。

類似パターン I ought not to have p.p. ‖ I regret... このとき regret の後ろには動詞の ing 形が来ます。たとえば、下の最初の例文は I regret saying that. になります。

step1 パターントレーニング

あんなこと言うんじゃなかった。	**I shouldn't have said** that.
あんなにたくさん眠るんじゃなかった。	**I shouldn't have slept** so much.
仕事を後回しにするんじゃなかった。	**I shouldn't have put off** my work.
あんなにたくさん食べるんじゃなかった。	**I shouldn't have eaten** so much.
あんなに厳しく彼のことを批判するんじゃなかった。	**I shouldn't have criticized** him so harshly.

step2 パターンリアル会話

A ああ、彼女に何も言うんじゃなかった！

B What's wrong?

A I told Jenna something private, and she's blabbing* to the whole world.

B You didn't know that she's a gossip*?

Tips!

* blab は「秘密をばらす、うわさをひろげる」という意味の会話表現です。

* gossip は「うわさ話をする」という意味の動詞でも使われますが、「ゴシップが好きな人、うわさ話をよくする人」という意味の名詞でもよく使います。

A **Oh, I shouldn't have told her anything!**
B どうしたの？
A ジェナにプライベートのこと話したら、みんなに言いふらしてるの。
B 彼女おしゃべりなの知らなかったの？

step3 パターンでチャレンジ

あんなことするんじゃなかった。

⇒ ______________________

MP3 pattern 178

You shouldn't have p.p.

きみは~するべきじゃなかったのに

相手が過去にやったことについて「どうして~なんてしたの？」というニュアンスで忠告したり問い詰めたりするときに使うパターンです。

類似パターン You ought not to have p.p.

step 1 パターントレーニング

きみはあんなことするべきじゃなかったのに。	**You shouldn't have done that.**
きみはあんなこと彼に言うべきじゃなかったのに。	**You shouldn't have said that to him.**
きみはあのパンツを買うべきじゃなかったのに。	**You shouldn't have bought those pants.**
きみはそんなに夜遅く彼に電話するべきじゃなかったのに。	**You shouldn't have called him so late.**
きみは彼女の言ったことを信じるべきじゃなかったのに。	**You shouldn't have believed what she said.**

step 2 パターンリアル会話

A **I can't believe that Kevin stabbed me in the back* like that!**

B きみは彼のことをそんなに簡単に信じるべきじゃなかったんだよ。

A **I should have seen it coming.***

B **Don't blame yourself too much. He's always been like that.**

Tips!

* stab ... in the back は「~の背中に刃物を刺す」、すなわち「~を裏切る」という意味です。

* see ... coming は「~が来るのを見る」という意味ですが、会話では「あることが起きるとすでに知っている」という意味で使われます。

A ケビンがあんなふうに私のことを裏切るなんて信じられない。
B **You shouldn't have trusted him so easily.**
A こんなことがあるんじゃないかと見抜くべきだったのよね。
B そんなに自分を責めるなよ。あいつはいつもそんなふうなんだから。

step 3 パターンでチャレンジ

きみは彼に何も言うべきじゃなかったんだよ。

⇒ ______________________________

Audio pattern 179

You must have p.p.

きみは〜したにちがいない

相手の言葉や行動について「〜したにちがいない」と100パーセントではないけれどほぼ確信している場合に使うパターンです。会話ではmust haveを略してmust'veとも言います。

類似パターン I'm sure (that) you... 過去に相手がしたことに対する確信を表すため、youの後ろの動詞は過去形を使います。

step1 パターントレーニング

きみはそれを家に置いてきたにちがいない。	**You must have left it at home.**
きみはこれを前にやったことがあるにちがいない。	**You must've done this before.**
きみは昨日の夜、忙しかったにちがいない。	**You must've been busy last night.**
きみは彼の名前を聞きまちがえたにちがいない。	**You must've heard his name wrong.**
あなたはまちがい電話をかけたにちがいない。	**You must've called the wrong number.**

step2 パターンリアル会話

A **I almost missed the deadline for the assignment.**

B **How did you manage?**

A **I asked Adrian for help.**

B 彼に頼むなんてよっぽど必死だったにちがいないね。
You can't stand to be around him!

A もう少しで課題の締切に間に合わないところだったわ。
B どうやって切り抜けたの？
A エイドリアンに手伝ってもらったの。
B **You must've been desperate to ask him.** 彼が近くにいるのも耐えられないんだからね！

step3 パターンでチャレンジ

そんなことするなんてきみは頭がおかしかったにちがいないね。

⇒ ________________________ (something like that)

MP3 pattern 180

I might have p.p.

～したかもしれない

「～だったかもしれない」と自分の過去の行動についての可能性や、自分の過去の失敗について言う場合に使います。might have も会話では might've と略して使うこともあります。

類似パターン I may have p.p. ‖ It's possible (that) I...

step 1 パターントレーニング

ミスしたかもしれない。	**I might have made** a mistake.
ちょっと大げさすぎたかもしれない。	**I might have overreacted** a little.
日にちを取り違えていたかもしれない。	**I might have gotten** the dates mixed up.
混乱していたかもしれない。	**I might've gotten** confused.
バスに電話を置いてきたかもしれない。	**I might've left** my phone on the bus.

step 2 パターンリアル会話

A Remember our dinner plans for Friday. You're buying!

B It's Friday? I thought it was Saturday.

A No. You said you had other plans Saturday.

B Wait, 日にちを勘違いしてたかもしれない。
Let me check. You're right.

A 金曜日のディナーのこと覚えてる？ あなたがおごるんだからね！
B 金曜日だっけ？ 土曜日だと思ってたよ。
A いいえ。土曜日は他の予定があるってあなたが言ったのよ。
B 待って、**I might have gotten the dates mixed up.**
確認してみるね。きみの言うとおりだ。

step 3 パターンでチャレンジ

試験に落第したかもしれない。

⇒ ＿＿＿＿＿＿＿＿＿＿＿＿＿＿＿＿＿＿＿＿ (fail the test)

Unit

26

Let

Q. 次の文を英語で言えますか？

- これをやらせて。

  ______ do this.

- 言い争いはやめよう。

  ______ argue.

- 何があったのか教えて。

  ______ what happens.

- その日は空いてるかどうかみてみよう。

  ______ I'm available that day.

- できるだけ早く知らせるよ。

  ______ as soon as possible.

- なりゆきを見守ろう。

  ______ how things go.

解答　Let me / Let's not / Let me know / Let me see if / I'll let you know / Let's see

Audio pattern 181

Let me...

~させて

let といえば Let us を略した Let's が最初に思い浮かぶかもしれませんが、let の後ろにはus以外にmeもよく使います。letには許可の意味があり、「私に言わせて」(Let me talk.) と言う場合も let を使えばオーケーです。me の後ろには動詞の原形が続きます。

類似パターン Allow me to...

step1 パターントレーニング

話をさせて。	**Let me talk.**
自分でやらせて。	**Let me do it myself.**
手伝わせて。	**Let me help you.**
行かせて。(放して)	**Let me go.**
それについて考えさせて。	**Let me think about it.**

step2 パターンリアル会話

A **I think we should do this first. So...**

B **But I...**

A 最後まで言わせてちょうだい!
This is the third time you've interrupted me.

B **I'm sorry. Go ahead.**

A 私たちはまずこれをやるべきだと思うの。それで……
B でも僕は…
A **Let me finish!** あなたが話の腰を折るのはこれで3回目よ。
B ごめん。続けて。

step3 パターンでチャレンジ

私のスケジュールを確認させて。

⇒ ______________________

MP3 pattern 182

Let's not...

～はやめよう

Let's go!（行こう）の反対で、「行くのをやめよう」と言うときには、Let's の後ろに not をつけて Let's not go! とすればオーケーです。

類似パターン I don't think we should... ‖ We shouldn't...

step1 パターントレーニング

ジェイソンの邪魔をしないようにしよう。	**Let's not** bother Jason.
おたがいうらみっこなしにしよう。	**Let's not** hold grudges against each other.
調子に乗らないようにしよう。	**Let's not** go overboard.
一線を越えないようにしよう。	**Let's not** cross the line.
おたがいこれ以上会うのはやめよう。	**Let's not** see each other anymore.

hold grudges うらみを抱く ｜ go overboard 調子に乗る

step2 パターンリアル会話

A Are you still mad at Jake?

B その話はやめにしましょう。

A He's really sorry about what he said to you.

B But he had no right to say that!

A まだジェイクのこと怒ってるの？
B **Let's not talk about it.**
A あいつ、きみに言ったことは本当にすまないと思ってるって。
B それにしたって、あんなこと言う権利なんて彼にはないわ！

step3 パターンでチャレンジ

あのレストランには二度と行かないようにしよう。

⇒ ______________________________

Audio pattern 183

Let me know...

～を教えて

Let me know を直訳すると「わからせてください」となり、すなわち「教えてください」という意味になります。後ろにはよく if や whether や疑問詞などに続けて名詞節または副詞句が使われます。

類似パターン Please tell me... ‖ Please inform me... inform を使うともっと改まった感じになります。

step 1 パターントレーニング

何かあったら教えて。	**Let me know** if anything happens.
何かまずいことがあれば教えて。	**Let me know** if something goes wrong.
何があったか教えて。	**Let me know** what happens.
準備ができたら教えて。	**Let me know** when you're ready.
勉強会はどんな調子か教えて。	**Let me know** how the study session goes.

step 2 パターンリアル会話

A Are you free next Sunday?
Some of us are going mountain climbing that day.

B I'd love to, but I don't know if I'll be open that day.

A 都合がつくようだったら教えて。

B I definitely will!

A 今度の日曜日ヒマ？ その日に何人かで山登りに行くんだけど。
B 行きたいのはやまやまなんだけど、その日は空いてるかどうかわからないな。
A **Let me know if you're available.**
B 必ずそうするよ！

step 3 パターンでチャレンジ

デートがどうだったかあとで教えて。

⇒ ______________________________ (later)

MP3 pattern 184

Let me see if...

～なのか確認してみる / ～かみてみる

Let me see. は「(私が) 確認してみよう、みてみよう」という意味です。後ろに if 節を付けると何を確認しようとしているのか表すことができます。if の後ろには「主語+動詞」が続きます。

類似パターン Let me check if...

step1 パターントレーニング

その日、予定がないかみてみよう。 **Let me see if I'm free that day.**

外は雨が降ってるかみてみよう。 **Let me see if it's raining outside.**

それの青があるかみてみましょう。 **Let me see if we have that in blue.**

それの在庫があるかみてみましょう。 **Let me see if we have that in stock.**

飲み物があるかみてみよう。 **Let me see if we have something to drink.**

step2 パターンリアル会話

A **I'm so thirsty!**

B 冷蔵庫に飲み物があるかみてみよう。

A **Do you have any Coke*?**

B **No, but I have Pepsi.**

Tips!

* コーラ、ソーダのような炭酸飲料は英語で soda、soda pop、または pop と言います。

A のどカラッカラ！
B **Let me see if we have something to drink in the fridge.**
A コカコーラある？
B ないけどペプシならあるよ。

step3 パターンでチャレンジ

きみの答えが合ってるかみてみよう。

⇒ ______________________________ (get the answer right)

Audio pattern 185

I'll let you know...

～を知らせる

「あとで何かを知らせる」と言うときのパターンです。know の後ろには、I'll let you know later. のように知らせる時を表す語句を使ってもいいですし、I'll let you know my schedule. のように名詞類を使って何を知らせるかを表すこともできます。あるいは、when や if などが導く副詞節もよく使われます。

類似パターン I'll tell you... ‖ I'll inform you... inform は改まった状況に使います。

step1 パターントレーニング

午前中に知らせるよ。 **I'll let you know** in the morning.

できるだけ早く知らせるよ。 **I'll let you know** as soon as possible.

彼が戻ってきたら知らせるよ。 **I'll let you know** when he comes back.

何かあったら知らせるよ。 **I'll let you know** if something happens.

明日僕のプランを知らせるよ。 **I'll let you know** my plan tomorrow.

step2 パターンリアル会話

A I think that's it.
Thank you for coming.

B Thank you for your time.

A 週末までに結果をお知らせします。

B Okay. I look forward to hearing from you.

A 以上で終わりです。お越しいただきありがとうございました。
B お時間ありがとうございました。
A **I'll let you know the results by the end of the week.**
B わかりました。ご連絡お待ちしています。

step3 パターンでチャレンジ

緊急の事態が発生したらただちにお知らせします。

⇒ ________________________ (right away | urgent)

MP3 pattern 186

Let's see...

~なのかみてみよう

相手に何かを確認するときや提案するときに使うパターンです。たとえば、「何が問題なのかちょっとみてみよう」は Let's see what's wrong. と言います。また、「~かどうかみてみようじゃないか」というニュアンスで皮肉を言うときにも使います。

類似パターン We'll see...

step1 パターントレーニング

どこが悪いかみてみよう。 **Let's see what's wrong.**

テレビで何をやってるかみてみよう。 **Let's see what's on TV.**

これがいつまで続くかみてみよう。 **Let's see how long this lasts.**

これがきちんと動くかみてみよう。 **Let's see if this one works properly.**

何をする必要があるかみてみよう。 **Let's see what needs to be done.**

step2 パターンリアル会話

A **I think I've finally found the one.* He's just perfect!**

B **How long have you been together?**

A **2 weeks, but that's not important.**
We're meant for each other.*

B **You say that all the time.** きみたちの関係がいつまでもつかみてみようじゃないか。

A ついに運命の人を見つけたみたい。彼ってパーフェクトなの！
B 付き合ってどれくらいなの？
A 2週間。でも、そんなのたいしたことじゃないわ。私たち相性が最高にいいんだもん。
B きみはいつもそんなこと言ってるね。
Let's see how long this relationship lasts.

Tips!

* the one は「完璧な相手」「私だけのための相手」という意味です。例：He's the one.（彼は私だけのための完璧な男よ）

* be meant for each other は「相性がいい」という意味です。

step3 パターンでチャレンジ

どのくらいお金が必要かみてみよう。

⇒ ______________________________

Unit

27

mean

Q. 次の文を英語で言えますか？

- もっと早くきみには言うつもりだった。

  ＿＿＿＿ tell you sooner.

- きみを傷つけるつもりはなかった。

  ＿＿＿＿ hurt you.

- キャンセルするつもり？

  ＿＿＿＿ cancel?

- 彼女はすべて知っているということ？

  ＿＿＿＿ she knows everything?

- 彼が来なかったってどういうこと？

  ＿＿＿＿ he didn't come?

- つまり、彼女は親切だ。

  ＿＿＿＿ she's nice.

解答　I meant to / I didn't mean to / Do you mean to / Do you mean (that) / What do you mean (that) / I mean,

Audio pattern 187

I meant to...

～するつもりだった

「～するつもりだったのに…」と自分の過去の行動について弁解するときによく使うパターンです。I meant to の後ろには動詞の原形が続きます。

類似パターン It was my plan/intention to... ∥ I was going to... ∥ I intended to... ∥ I was planning to...

step 1 パターントレーニング

もっと早く電話するつもりだった。 **I meant to call you sooner.**

まずあなたに話すつもりだった。 **I meant to tell you first.**

冗談のつもりだった。 **I meant to be funny.**

今日洗濯するつもりだった。 **I meant to do the laundry today.**

そのことをあなたに謝るつもりだった。 **I meant to apologize to you for that.**

step 2 パターンリアル会話

A **Why isn't your homework finished?**

B 今朝早く起きて終わらせるつもりだったんだ…

A **But you woke up late, right? Again!**

B **You know me so well.**

A どうしてまだ宿題が終わってないの？
B **I meant to get up early this morning to finish it...**
A でも寝坊したんでしょ？　またなの！
B よくおわかりで。

step 3 パターンでチャレンジ

今日は早く仕事を終わらせるつもりだったのに。

⇒ ______________________________ (get off work)

MP3
pattern 188

I didn't mean to...

～するつもりはなかった

「～するつもりではなかった」と弁解したり、相手に理解を求めながら謝るときに使うといいパターンです。

類似パターン I never meant to... ‖ I didn't intend to... ‖ It wasn't my intention/plan to...

step1 パターントレーニング

不愉快な思いをさせるつもりはなかった。 **I didn't mean to** offend you.

きみに怒鳴るつもりはなかった。 **I didn't mean to** yell at you.

失礼な態度をとるつもりはなかった。 **I didn't mean to** be so rude.

きみを批判するつもりはなかった。 **I didn't mean to** criticize you.

きみの気持ちを傷つけるつもりはなかった。 **I didn't mean to** hurt your feelings.

step2 パターンリアル会話

A How could you say that to Rachel?

B そんなこと言うつもりじゃなかったんだ。 It just came out.

A She called me and cried about it for an hour!

B Really? I didn't think she would take it so seriously.

A よくもまあそんなことをレイチェルに言えたわね？
B **I didn't mean to say that.** つい口から出ちゃったんだよ。
A 彼女私に電話してきて１時間も泣いてたわよ！
B 本当に？　彼女がそんな深刻に受け止めるとは思わなかったよ。

step3 パターンでチャレンジ

きみにウソをつくつもりはなかった。

⇒ ______________________________

MP3 pattern 189

Do you mean to...?

〜するつもり？/〜しようとしてるの？

「本当に〜するつもりなの？」と言うときに使うパターンです。相手が言おうとしていることや行動が信じられなくて確認しようとする場合に使うといいでしょう。

類似パターン Do you intend to...? ‖ Are you planning to...? ‖ Are you going to...?

step1 パターントレーニング

彼に全部話すつもり？	**Do you mean to tell him everything?**
彼女と別れるつもり？	**Do you mean to leave her?**
彼を脅すつもり？	**Do you mean to threaten him?**
そんなことはしていないとでも言うつもり？	**Do you mean to say you didn't do it?**
来ないとでも言うつもり？	**Do you mean to say you're not coming?**

step2 パターンリアル会話

A **Today is the day. I'm gonna do it!**

B 今日ジミーにきみの気持ちを伝えるつもりかい？

A **Yeah. I can't hide it anymore. I have to tell him.**

B **I would never be able to do that.**

A 今日こそ運命の日よ。私やるわ！
B **Do you mean to tell Jimmy how you feel today?**
A そうよ。もうこれ以上隠していられないの。彼に伝えなきゃ。
B 僕には絶対にそんなことできないな。

step3 パターンでチャレンジ

告白するつもり？

⇒ ______________________________ (confess)

MP3 pattern 190

Do you mean (that)...?

〜ということ？

Do you mean to...? が相手の意図を聞くときに使うパターンだとすれば、Do you mean (that)...? は相手の言ったことや行動の意味を聞く場合に使うパターンです。that は省略してもかまいません。後ろには「主語+動詞」が続きます。

類似パターン Are you telling me (that)...? ‖ You mean...? Do you mean...? の Do を省略して言う場合もあります。

step1 パターントレーニング

私が失敗したってこと？	**Do you mean I failed?**
私はかろうじて合格したってこと？	**Do you mean I barely passed?**
きみは彼に恋してるってこと？	**Do you mean you're in love with him?**
私たちもう終わりってこと？	**Do you mean that we're through?**
きみたち別れたってこと？	**Do you mean that you guys broke up?**

step2 パターンリアル会話

A **I think we should spend some time apart.**

B 僕たちもうおしまいってこと？
Are you breaking up with me?

A **No, not at all. I just need my own space* for a while.**

B **I can't believe it. You're actually breaking up with me.**

A 私たち別々の時間を過ごしたほうがいいと思うの。
B **Do you mean we're through?**
僕と別れるつもりなの？
A いや、そうじゃないの。ただしばらく自分の時間が必要なだけ。
B 信じられないよ。きみは僕と別れようとしてるんだ。

Tips!
* この space は「考える時間、自由時間」という意味です。I need my own space.（自分の時間が必要なの）は異性の友だちと別れるときによく使う言葉でもあります。

step3 パターンでチャレンジ

きみはそれをしたくないってこと？

⇨ ______________________

MP3 pattern 191

What do you mean (that)...?

～ってどういうこと？

相手の言ったことが理解できなくてさらに説明を求める場合や、納得できなくて「いったいどういうこと？」と少し問い詰めるようなニュアンスで言うときに使うパターンです。that はふつう省略され、後ろに「主語＋動詞」が続きます。

step 1 パターントレーニング

忘れたってどういうこと？	**What do you mean you forgot?**
それを持ってないってどういうこと？	**What do you mean you don't have it?**
私には言えないってどういうこと？	**What do you mean you can't tell me?**
行けないってどういうこと？	**What do you mean you can't go?**
私が悪いってどういうこと？	**What do you mean I'm wrong?**

step 2 パターンリアル会話

A 私の本をなくしたってどういうこと？

B **I looked all over my house twice, but I couldn't find it.**

A **What am I going to do?**
I really need it today.

B **I'm really sorry. I'll buy you a new one right now.**

A **What do you mean you lost my book?**
B 家中２回も探したけど見つからなかったんだ。
A 私どうすればいいのよ。本当に今日必要なのに。
B 本当にごめん。今すぐ新しいのを買い直すから。

step 3 パターンでチャレンジ

僕にがっかりしたってどういうこと？

⇒ ________________________ (be disappointed with)

Audio pattern 192

I mean,

つまり〜/いや、だから〜

相手に言いにくい場合、英語では何か言おうとする前に "I mean," を付けて表現します。また、このパターンは自分がすでに言ったことに対して、「どういうことかと言うと…」「いや、だから…」と説明を加えたり、修正したりするときにも使います。

類似パターン What I mean is... ‖ What I'm trying to say is...

step1 パターントレーニング

つまり、きみのことが好きになっちゃったんだ。	**I mean,** I think I've fallen for you.
つまり、気にしなくていいよ。たいしたことじゃないから。	**I mean,** never mind. It's nothing.
つまり、何が起きるかわからないってことだよ。	**I mean,** we don't know what will happen.
つまり、きみはまだまだ未熟ってことだよ。	**I mean,** you're so immature.
つまり、それはちょっと残酷なんじゃないかな。	**I mean,** it's a bit cruel.

step2 パターンリアル会話

A How was your first date with Derek?

B I don't know.

A What do you mean you don't know?

B It was okay, I guess. つまり、he was really nice to me, but he seemed to be a little full of himself.*

Tips!
* be full of oneself は「自分のことでいっぱいだ」すなわち「ごう慢だ、生意気だ」という意味です。

A デレクとのはじめてのデートはどうだった?
B わからない。
A わからないってどういうこと?
B まあまあだったんじゃないの。
I mean, 彼は本当にやさしかったんだけど、ちょっとうぬぼれてるところがあるのよね。

step3 パターンでチャレンジ

つまり、彼はちょっとうぬぼれていた。

⇨ ______________________________ (a bit | pretentious)

Unit

28

その他の重要パターン

Q. 次の文を英語で言えますか？

- ひとり暮らしには慣れている。

  ______ living alone.

- ここでタバコを吸ってもいい？

  ______ smoke in here?

- 何も言わないでって言ったわよね。

  ______ say anything.

- 本当に真実を言ってるんだ。

  ______ am telling the truth.

- 試験が終わったから、とっても幸せ。

  ______ the exams are over, I'm so happy.

- 明日は出かけるより家にいるほうがいい。

  ______ stay home ______ go out tomorrow.

- 弟に比べて僕のほうが頭がいい。

  ______ my brother, I'm smarter.

- 問題は彼が私のタイプじゃないってことなの。

  ______ he's not my type.

解答　I'm used to / Do you mind if I / I told you not to / I swear (that) I / Now that / I'd rather, than / Compared to / The thing is...

MP3 pattern 193

I'm used to...

~には慣れている

「~には慣れている」と言うときには be used to のパターンを使います。to の後ろには（代）名詞または動詞の ing 形が続きます。過去の習慣を表す「used to +動詞の原形」（「昔は~したものだ」）とまちがえないようにしましょう。

類似パターン I'm accustomed to...

step 1 パターントレーニング

もうそれには慣れっこだ。	**I'm used to** it now.
ここの天気には慣れている。	**I'm used to** the weather here.
ひとり暮らしには慣れている。	**I'm used to** living alone.
注目の的になるのは慣れている。	**I'm used to** being at the center of attention.
長時間働くのは慣れている。	**I'm used to** working long hours.

step 2 パターンリアル会話

A Are you seeing anyone right now?

B Nope. I'm single.

A A pretty girl like you?
I expected guys wouldn't leave you alone.

B Thanks. Actually, I've been single for a while now.
ひとりでいるのに慣れちゃった。

A 今は誰かと付き合ってるの？
B ううん。付き合ってる人いないわよ。
A きみみたいなかわいい子が？ 男だったらほっとかないと思うんだけどな。
B ありがと。実はここのところしばらく彼氏いなくて。 **I'm used to being alone.**

step 3 パターンでチャレンジ

残業するのは慣れている。

⇒ ______________________________ (work overtime)

Audio pattern 194

Do you mind if I...?

～してもいい？

何かをする前に相手に許可をもらったり、お願いしたりする場合に使います。mind は「～をイヤがる」という意味なので Yes. で答えてしまうとイヤがっていることになってしまいます。「いいですよ」と答えたい場合、どう言えばいいのかわからなければ、Sure. または Go ahead. と言えば許可する意味になります。

類似パターン May I...? ‖ Can I...? ‖ Is it okay if I...?

step 1 パターントレーニング

ここに座ってもいい？	**Do you mind if I sit here?**
お手洗いに行ってきてもいい？	**Do you mind if I go to the ladies' room?**
一緒に行ってもいい？	**Do you mind if I come along?**
あとで寄ってもいい？	**Do you mind if I drop by later?**
個人的な質問してもいい？	**Do you mind if I ask you a personal question?**

step 2 パターンリアル会話

A **Sorry. I forgot to put my phone in vibrate mode.***

B **It's okay. Is it from someone important?**

A **Oh, it's from work.** 出てもいいかしら？

B **Sure. Go ahead.**

A ごめん。マナーモードにするの忘れてた。
B いいよ。大事な相手から？
A あら、会社からだわ。 **Do you mind if I take this?**
B もちろん。どうぞ。

Tips!
* 携帯電話をマナーモードにすることを put one's phone in(to)/on vibrate mode と言います。vibrate mode の代わりに silent mode とも言います。

step 3 パターンでチャレンジ

ひと休みしてもいい？

⇒ ______________________ (take a break)

MP3 pattern 195

I told you not to...

～するなって言ったのに

「～するな」と言ったのにも関わらず相手が言うことを聞かずにやってしまったとき、そのもどかしさを表現するのに適したパターンです。to の後ろには動詞の原形が続きます。

類似パターン I said you shouldn't... ‖ I said you can't...

step 1 パターントレーニング

私にウソをつかないでって言ったわよね。	**I told you not to** lie to me.
寝坊しないようにって言ったわよね。	**I told you not to** sleep in.
ゲームしちゃダメって言ったわよね。	**I told you not to** play computer games.
汚い言葉を使わないようにって言ったわよね。	**I told you not to** use swear words.
私の持ち物に触らないでって言ったわよね。	**I told you not to** touch my stuff.

step 2 パターンリアル会話

A What happened to my pudding?

B You weren't eating it, so I thought you didn't want it.

A I was saving it for later!
ひとの食べ物を取らないでって言ったじゃないのよ！

B Okay, okay. I won't do it again.

A 私のプリンどうしたの？
B 食べてなかったからてっきりいらないのかと思って。
A あとのお楽しみに取っておいたのに！
I told you not to take my food!
B わかった、わかった。もうしません。

step 3 パターンでチャレンジ

私に電話してこないでって言ったわよね？

⇒ ______________________________

MP3 pattern 196

I swear (that) I...

本当に～/誓って～

「私は本当に（誓って）～なのよ！」と主張するときによく使うパターンです。また、「決して～しない」と約束する場合にも使います。that は普通は省略して、I swear I の後ろには動詞が続きます。

類似パターン I promise (that) I... ‖ I really...

step 1 パターントレーニング

本当にやってないんだ。 **I swear I didn't do it.**

本当に真実を話してるんだ。 **I swear I am telling the truth.**

本当にきみと別れたりしないよ。 **I swear I will never leave you.**

本当にきみを二度と裏切ったりしないよ。 **I swear I won't betray you again.**

本当にここにあるものは何も触ってないよ。 **I swear I didn't touch anything here.**

step 2 パターンリアル会話

A **You told her, didn't you?**

B **No, I didn't tell her. You told me not to.**

A **Then how did she find out?**

B **I have no clue. But it's not me.**
本当に彼女にはひとことも言ってないよ。

A あなた彼女に話したわね？
B いや、僕は話してないよ。きみが話すなって言ったから。
A じゃあどうして彼女が知ってるの？
B まったくわからないよ。でも僕じゃないんだ。
I swear I didn't tell her a thing.

step 3 パターンでチャレンジ

本当に今度こそ約束を守るよ。

⇨ ______________________ (keep one's promise)

MP3 pattern 197

Now that...

もう～だから

「もう～も終わったから…」と英語で言うときに使うパターンです。Now that ＋主語＋動詞の形で使います。

類似パターン Since 主語＋動詞 now, 主語＋動詞

step1 パターントレーニング

試験が終わったからとても解放された気分だ。
Now that the exams are over, I feel so relieved.

宿題が終わったからテレビが見れる。
Now that I'm done my homework, I can watch TV.

きみがそれを知ってるならそれはもう秘密じゃないね。
Now that you know about it, it's not a secret anymore.

きみが来たからようやく僕は家に帰れる。
Now that you're here, I can finally go home.

天気が暖かくなったから外でサッカーができる。
Now that the weather's warm, we can play soccer outside.

step2 パターンリアル会話

A Mom, can I get some allowance?

B This will be the last allowance you get from me.
もう大学生なんだから自立しなさい。

A お母さん、おこづかいちょうだい。

B これが私からあなたにあげる最後のおこづかいよ。
Now that you're a university student, you should be independent.

step3 パターンでチャレンジ

きみがいてくれるからもう僕はひとりじゃない。

⇒ ________________________________ (lonely)

Audio pattern 198

I'd rather... (than ~)

～なら…のほうがましだ

「～なら…のほうがましだ」と言うときに使うパターンです。rather の後ろには自分のやりたいことを表す動詞を、than の後ろにはやりたくないことを表す動詞を使います。この２つの動詞は原形を使います。that を省略して I'd rather だけ使う場合もあります。

類似パターン I prefer to... (than ～) ‖ I'd sooner... (than ～)

step1 パターントレーニング

今夜は家にいるほうがいいな。 **I'd rather stay home tonight.**

ここで働くくらいなら辞めたほうがましだ。 **I'd rather quit than work here.**

きみと一緒にいるくらいならひとりのほうがましだ。 **I'd rather be alone than be with you.**

紅茶よりコーヒーのほうがいい。 **I'd rather have coffee than (have) tea.**

面と向かって侮辱されるくらいなら死んだほうがましだ。 **I'd rather die than face the humiliation.**

step2 パターンリアル会話

A **I heard Josh asked you out.**

B **Ugh*!** 彼と付き合うくらいなら死んだほうがましよ！

A **Whoa.* You hate him that much?**

B **I'll just say this. He's the complete opposite of what I want in a man.**

Tips!

* Ugh! は「ウッ」「ウエッ」と不快な気持ちや気持ち悪さを表現する感嘆詞です。

* Whoa! は驚きを表す感嘆詞で「ウワッ！」と似ています。

A ジョシュがきみをデートに誘ったって聞いたよ。
B ゲッ！ **I'd rather die than go out with him!**
A おっと。そんなに彼のことが嫌いなの？
B これだけは言っておくわ。彼は私が男の人に求めているタイプの正反対にいるのよ。

step3 パターンでチャレンジ

今夜は家にいるよりは出かけたい。

⇨ ＿＿＿＿＿＿＿＿＿＿＿＿＿＿＿＿ (stay home)

Audio pattern 199

Compared to/with...

～に比べて

Compared to my friends, I feel like a loser.（友だちと比べると、自分が負け犬のように思える）というように、何かを比べるときに使えるパターンが compared to や compared with です。compared to/with の後ろには名詞が続きます。compared to/with ＋名詞を文の最後にもってくることもあります。

類似パターン In comparison to/with...

step 1 パターントレーニング

クラスの他の人たちに比べて僕は出来が悪い。
Compared to the rest of the class, I'm doing bad.

友だちに比べて僕は裕福じゃない。
I'm not well-off compared to my friends.

ブランドンに比べてあなたは紳士じゃない。
Compared to Brandon, you're not a gentleman.

僕の部屋に比べてきみの部屋はとてもきれいだ。
Compared with my room, your room is so neat.

step 2 パターンリアル会話

A **Awesome! You got a brand new car?**

B **I drove that old junk for 7 years. It's about time* I got a new one.**

A **This one looks pretty high-end,*** 前のに比べて！

A スゴーイ！ 新車買ったの？

B あのオンボロに７年も乗ってたからね。そろそろ新しいのを買う時期だったんだよ。

A かなり性能がよさそうね、**compared to the last one!**

Tips!

* It's about time＋主語＋動詞は「～する時になった」という意味です。

* high-end は「高級な」という意味です。電化製品や化粧品など、同種の製品の中で最も性能がよかったり、高価なものを示すときに使います。

step 3 パターンでチャレンジ

弟に比べて僕のほうが背が高い。

⇒ ______________________________

MP3 pattern 200

The thing is...

問題は～ / 実は～

相手が The thing is... と話し始めるときは何か大事なことを言おうとしているときです。後ろには「主語+動詞」が続きます。ネイティブは会話でよく使うので覚えておきましょう。

類似パターン Well... ‖ The problem is...

step1 パターントレーニング

問題は時間がないことだ。	**The thing is...** **I don't have time.**
問題は少し遅れるかもしれないことだ。	**The thing is...** **I might be a little late.**
問題はきみのことをもう愛していないことだ。	**The thing is...** **I don't love you anymore.**
問題は彼に魅力を感じないことだ。	**The thing is...** **I'm not attracted to him.**
問題は彼は私の言うことを聞かないだろうということだ。	**The thing is...** **he just won't listen to me.**

step2 パターンリアル会話

A **I don't know what to do with my boyfriend.**

B **I thought everything was going well between you two.**

A **It is.** 問題は彼にもうときめかなくなってるってことなの。

B **And there's someone else who does.**

A 彼氏のことをどうしたらいいかわからないの。
B きみたち２人はてっきりうまくいってるんだと思ってたよ。
A それはそうなのよ。**The thing is... he just doesn't make my heart flutter* anymore.**
B そして誰かほかにときめかせてくれる人がいるってわけだね。

Tips!
* make one's heart flutter は「ときめかせる」という意味です。似たような意味に pound、race、beat faster、skip a beat などがあります。

step3 パターンでチャレンジ

問題は急がなきゃならないってことだ。

⇒ ________________________________ (hurry up)

復習問題1000本ノック編

パターントレーニング編で学習した内容をしっかり理解しているか確認するコーナーです。200のパターンに関する練習問題が掲載されています。パターンを参考にして英語で言ってみましょう。

Audio pattern 201

pattern 001 I'm from... 私は～から来た／～の出身だ

1 私はカナダのトロントから来た。
⇒ ______ from Toronto, Canada.

2 私はスタンフォードの出身だ。
⇒ I'm ______ Stanford.

3 私はイギリスから来た。
⇒ ______ Britain.

4 私がどこから来たか当てて。
⇒ Guess ______.

5 私がどこの出身かなんて重要?
⇒ Does ______? (it / matter)

pattern 002 I'm ready for[to]... ～の／～する準備ができている

1 私は朝食を食べる準備ができている。
⇒ I'm ______ for breakfast.

2 私は面接の準備ができている。
⇒ I'm ______ the interview.

3 私は仕事に戻る準備ができている。
⇒ ______ go back to work.

4 私は中期に向けて準備はできている。
⇒ ______ my midterms now. (take)

5 私はまだ彼を許す準備ができていない。
⇒ ______ him yet. (forgive)

pattern 003 I'm happy for... (～に)よかったね

1 本当によかったね、ライアン。
⇒ ______ so happy for you, Ryan.

2 本当によかったね、あなたたち2人。
⇒ ______ so ______ the both of you.

3 妹が元気でよかった。
⇒ ______ my little sister.

4 よかったね、ブライアン。
⇒ ______.

5 もちろん、うれしいよ。
⇒ Of course ______.

Answer

001 1. I'm 2. from 3. I'm from 4. where I'm from 5. it matter where I'm from **002** 1. ready 2. ready for 3. I'm ready to 4. I'm ready to take 5. I'm not ready to forgive **003** 1. I'm 2. I'm / happy for 3. I'm happy for 4. I'm happy for Brian 5. I'm happy for you

Audio pattern 202

pattern 004 I'm worried about... ～が心配だ

1 明日の試験が心配だ。
⇒ I'm ________ about the test tomorrow.

2 姉のことが心配だ。
⇒ I'm ________ my sister.

3 彼氏のことが心配だ。
⇒ ________ my boyfriend.

4 私の成績が心配だ。
⇒ ________ GPA.

5 彼の酒癖が心配だ。
⇒ ________. (drinking habits)

pattern 005 I'm on... ～しているところだ

1 ちょっと待って。私は今、母親と通話中だ。
⇒ Hold on. I'm ________ the phone with my mom.

2 私は今、お見合い中だ。
⇒ ________ a blind date.

3 私は今、抗生物質を服用中だ。
⇒ ________ antibiotics.

4 私は今、スティーブとデート中だ。
⇒ ________. (be on a date with)

5 私は今、家に帰るところだ。
⇒ ________ now. (be on one's way home)

pattern 006 I'm here for[to]... ～のために来た／～しにきた

1 ここにはランチを食べに来た。
⇒ ________ for lunch.

2 ここには定期検診に来た。
⇒ ________ my regular checkup.

3 ここにはきみの様子を見にきた。
⇒ ________ how you're doing.

4 ここにはきみを慰めにきた。
⇒ ________ you up. (cheer... up)

5 ここにはキムさんに会いにきた。
⇒ ________. (see)

Answer

004 1. worried 2. worried about 3. I'm worried about 4. I'm worried about my 5. I'm worried about his drinking habits 005 1. on 2. I'm on 3. I'm on 4. I'm on a date with Steve 5. I'm on my way home 006 1. I'm here 2. I'm here for 3. I'm here to see 4. I'm here to cheer 5. I'm here to see Mr. Kim

Audio pattern 203

pattern 007 I'm afraid (that)... 残念ながら～です／～のようですね

1 残念ながら私たちが負けた。
⇒ ______ we lost.

2 残念ながらその日は時間がありません。
⇒ ______ I won't be ______ that day. (free)

3 間違い電話のようですね。
⇒ ______ you've got the ______ .

4 残念ながらあなたの意見には同意できません。
⇒ ______ I don't ______ . (agree with)

5 家に忘れてきたようですね。
⇒ ______ it at home. (leave)

pattern 008 I'm getting... どんどん～になる

1 どんどん眠くなってきた。
⇒ I'm ______ sleepy.

2 どんどん満腹になってきた。
⇒ ______ full.

3 どんどんこれに慣れてきた。
⇒ I'm ______ this. (used to)

4 どんどんお腹が空いてきた。
⇒ ______ .

5 どんどん彼の性格に慣れてきた。
⇒ ______ . (used to / personality)

pattern 009 I'm trying to... 私は～しようとしている

1 私は運動をもっと頻繁にしようと思っている。
⇒ I'm ______ exercise more often.

2 私はタバコをやめようと思っている。
⇒ ______ quit smoking.

3 私は集中しようとしている。
⇒ ______ concentrate.

4 私はサラを説得しようとしている。
⇒ ______ . (persuade)

5 私は人にもっと優しくしようと思っている。
⇒ ______ be nicer ______ .

Answer

007 1. I'm afraid (that) 2. I'm afraid (that) / free 3. I'm afraid (that) / wrong number 4. I'm afraid (that) / agree with you 5. I'm afraid (that) I left 008 1. getting 2. I'm getting 3. getting used to 4. I'm getting hungry 5. I'm getting used to his personality 009 1. trying to 2. I'm trying to 3. I'm trying to 4. I'm trying to persuade Sarah 5. I'm trying to / to people

Audio pattern 204

pattern 010 I'm thinking of... ～しようと思っている

1 新しい職場を見つけようと思っている。
⇒ I'm ________ getting a new job.

2 部活に入ろうと思っている。
⇒ ________ joining a club.

3 車を買い換えようと思っている。
⇒ ________ a new car.

4 大学院で専攻を変えようと思っている。
⇒ ________ in graduate school. (change / major)

5 新しいスマホを買おうと思っている。
⇒ ________.

pattern 011 I'm taking... 私は今～を受講している／～を受講するつもりだ

1 私はベティと心理学を受講している。
⇒ I'm ________ psychology with Betty.

2 私は来学期に世界史の講義を受講するつもりだ。
⇒ ________ world history ________ semester.

3 ブラウン教授の講義を受講している。
⇒ ________ Professor Brown's class.

4 私は物理学を受講している。
⇒ ________. (physics)

5 私は来年、化学を受講するつもりだ。
⇒ ________. (chemistry / next year)

pattern 012 I'm looking forward to... ～が楽しみだ

1 ボーイフレンドに会うのが楽しみだ。
⇒ ________ forward to seeing my boyfriend.

2 今夜が楽しみだ。
⇒ ________ tonight.

3 明日の誕生日パーティーがとても楽しみだ。
⇒ ________ my birthday party.

4 きみの返信がとても楽しみだ。
⇒ ________. (hear from)

5 きみと一緒に時間を過ごすのが楽しみだ。
⇒ ________ with you. (spend time)

Answer

010 1. thinking of 2. I'm thinking of 3. I'm thinking of buying 4. I'm thinking of changing my major 5. I'm thinking of buying a new phone 011 1. taking 2. I'm taking / next 3. I'm taking 4. I'm taking physics 5. I'm taking chemistry next year 012 1. I'm looking 2. I'm looking forward to 3. I'm looking forward to 4. I'm looking forward to hearing from you 5. I'm looking forward to spending time

Audio pattern 205

pattern 013 I was wondering if...　～してもらえないかと思って

1 ノートを見せてもらえないかと思って。
⇒ I ________________ if I could see your notes.

2 ちょっと休めるかなと思って。
⇒ I ________________ I could take a break.

3 きみがビルの電話番号を知ってるかなと思って。
⇒ ________________ Bill's number.

4 これを校正してもらえないかと思って。
⇒ ________ if you could ________ .　(proofread)

5 お願いを聞いてもらえないかと思って。
⇒ ________ if you could ________ .　(do... a favor)

pattern 014 What I'm saying is...　私が言いたいのは～ということだ／つまり～だ

1 つまりあなたは本当のことを言っていない。
⇒ What ________________ is you didn't tell me the truth.

2 つまり私はあなたの言うことに賛成していない。
⇒ ________________ I don't agree with you.

3 つまり彼は社交的ではない。
⇒ ________ he's not ________ .　(sociable)

4 つまりきみはこの仕事に向いていない。
⇒ ________________ for this job.　(qualified)

5 つまりきみは僕を信じるべきだ。
⇒ ________________ .　(should trust)

pattern 015 Are you telling me (that)...?　まさか～だって言うの?

1 まさか全く知らなかったって言うの?
⇒ ________________ me you didn't know at all?

2 まさか私が間違ったって言うの?
⇒ ________________ that I made a mistake?

3 まさか彼がきみを裏切ったって言うの?
⇒ ________________ he betrayed you?

4 まさか妊娠したって言うの?
⇒ ________________ ?　(pregnant)

5 まさかまだ終わってないって言うの?
⇒ ________________ yet?　(be done)

Answer

013 1. was wondering 2. was wondering if 3. I was wondering if you had 4. I was wondering / proofread this 5. I was wondering / do me a favor **014** 1. I'm saying 2. What I'm saying is 3. What I'm saying is / sociable 4. What I'm saying is you're not qualified 5. What I'm saying is you should trust me **015** 1. Are you telling 2. Are you telling me 3. Are you telling me (that) 4. Are you telling me (that) you're pregnant 5. Are you telling me (that) you're not done

Audio pattern 206

pattern 016 I'm going to[gonna]... ～するつもりだ

1 私は散歩するつもりだ。
⇒ I'm ______ take a walk.

2 私は一晩中起きているつもりだ。
⇒ ______ stay up all night.

3 私は彼女に愛してるって言うつもりだ。
⇒ ______ I love her. (tell)

4 私はエイミーにプロポーズするつもりだ。
⇒ ______ . (propose)

5 私は来月、渋谷に引っ越すつもりだ。
⇒ ______ next month. (move)

pattern 017 I'm not going to[gonna]... ～しないつもりだ／～する考えはない

1 きみに何も言わないつもりだ。
⇒ I'm ______ tell you anything.

2 明日何もしないつもりだ。
⇒ ______ do anything tomorrow.

3 あなたとは議論しないつもりだ。
⇒ ______ to ______ you. (argue)

4 そんなことをさせないつもりだ。
⇒ ______ happen. (let)

5 今度は間違いを犯さないつもりだ。
⇒ ______ this time. (make a mistake)

pattern 018 Are you going to[gonna]...? ～するつもり?

1 仕事に応募するつもり?
⇒ ______ you ______ apply for the job?

2 私のパーティーに来るつもり?
⇒ ______ come to my party.

3 今日出勤するつもり?
⇒ ______ today?

4 彼の謝罪を受け入れるつもり?
⇒ ______ apology? (accept)

5 今日レポートを終わらせるつもり?
⇒ ______ today? (finish)

Answer

016 1. going to[gonna] 2. I'm going to[gonna] 3. I'm gonna[going to] tell her 4. I'm going to[gonna] propose to Amy 5. I'm gonna[going to] move to Shibuya **017** 1. not going to[gonna] 2. I'm not gonna[going to] 3. I'm not going / argue with 4. I'm not gonna[going to] let that 5. I'm not going to[gonna] make a mistake **018** 1. Are / going to[gonna] 2. Are you gonna[going to] 3. Are you going to[gonna] work 4. Are you gonna[going to] accept his 5. Are you going to[gonna] finish your report

Audio pattern 207

pattern 019 Aren't you going to[gonna]...? ～しないつもり?

1 新居祝いのパーティに来ないつもり?
⇒ ______ you ______ have a housewarming party?

2 私と一緒に映画を見にいかないつもり?
⇒ ______ catch a movie with me?

3 ありがとうって言わないつもり?
⇒ ______ say ______? (say thank you)

4 それを試着しないつもり?
⇒ ______? (try... on)

5 私の質問に答えないつもり?
⇒ ______ my question?

pattern 020 I was just going to[gonna]... ～しようとしていたところだ

1 きみに同じことを聞こうとしていたところだ。
⇒ I ______ to ask you the same thing.

2 昼寝しようとしていたところだ。
⇒ ______ take a nap.

3 その話をしようとしていたところだ。
⇒ ______ bring that ______. (bring... up)

4 説明しようとしていたところだ。
⇒ ______.

5 オフィスを出ようとしていたところだ。
⇒ ______. (leave)

pattern 021 I wasn't going to[gonna], but... そんなつもりじゃなかったのに～

1 そんなつもりじゃなかったのに泣いてしまった。
⇒ I ______ to, ______ I cried.

2 そんなつもりじゃなかったのに飲みにいってしまった。
⇒ ______ I went out for a drink.

3 そんなつもりじゃなかったのに上司に口答えをしてしまった。
⇒ ______, but I ______ to my boss. (talk back)

4 そんなつもりじゃなかったのにポールを密告してしまった。
⇒ ______. (tell on)

5 そんなつもりじゃなかったのに彼の頬を殴ってしまった。
⇒ ______ in the face. (slap)

Answer

019 1. Aren't / going to[gonna] 2. Aren't you gonna[going to] 3. Aren't you going to[gonna] / thank you 4. Aren't you gonna[going to] try it on 5. Aren't you going to[gonna] answer 020 1. was just going 2. I was just going to[gonna] 3. I was just gonna[going to] / up 4. I was just going to[gonna] explain 5. I was just going to[gonna] leave the office 021 1. wasn't going / but 2. I wasn't gonna[going to], but 3. I wasn't going to[gonna] / talked back 4. I wasn't going to[gonna], but I told on Paul 5. I wasn't going to[gonna], but I slapped him

Audio pattern 208

pattern 022 I think I'm going to[gonna]... ～しそうだ／～になりそうだ

1 気絶しそうだ。
⇒ I think ＿＿＿＿＿＿ pass out.

2 遅れそうだ。
⇒ ＿＿＿＿＿＿ be late.

3 シャワーを浴びることになりそうだ。
⇒ ＿＿＿＿＿＿ shower.

4 来週休むことになりそうだ。
⇒ ＿＿＿＿＿＿ next week. (take time off)

5 このことを後悔しそうだ。
⇒ ＿＿＿＿＿＿. (regret)

pattern 023 I don't think I'm going to[gonna]... ～しそうにない

1 試験に合格できそうにない。
⇒ ＿＿＿＿＿＿ I'm gonna pass the test.

2 明日までに終われそうにない。
⇒ ＿＿＿＿＿＿ get this done by tomorrow.

3 それを見つけられそうにない。
⇒ ＿＿＿＿＿＿ find it.

4 ピーターに勝てそうにない。
⇒ ＿＿＿＿＿＿ Peter. (beat)

5 仕事の依頼を受けないかもしれない。
⇒ ＿＿＿＿＿＿ the job offer. (accept)

pattern 024 I can't stand... ～にはガマンできない

1 彼の隣に座るのにはガマンできない。
⇒ I can't ＿＿＿＿＿＿ sitting next to him.

2 あなたの態度にはガマンできない。
⇒ ＿＿＿＿＿＿ your attitude.

3 もうあなたにはガマンできない。
⇒ ＿＿＿＿＿＿ you ＿＿＿＿＿＿.

4 もう彼と一緒に仕事をするのにはガマンできない。
⇒ ＿＿＿＿＿＿ anymore.

5 彼の自慢話にはガマンできない。
⇒ ＿＿＿＿＿＿. (brag)

Answer

022 1. I'm gonna[going to] 2. I think I'm going to[gonna] 3. I think I'm gonna[going to] 4. I think I'm going to[gonna] take some time off 5. I think I'm going to[gonna] regret this 023 1. I don't think 2. I don't think I'm going to[gonna] 3. I don't think I'm gonna[going to] 4. I don't think I'm gonna[going to] beat 5. I don't think I'm going to[gonna] accept 024 1. stand 2. I can't stand 3. I can't stand / anymore 4. I can't stand working with him 5. I can't stand his bragging

Audio pattern 209

pattern 025 I can't stop ...ing ～せずにはいられない

1 それについて心配せずにはいられない。
⇒ I ______ worrying about it.

2 エミリーのことを考えずにはいられない。
⇒ ______ thinking ______ Emily.

3 くしゃみをせずにはいられない。
⇒ ______ sneezing.

4 このゲームをせずにはいられない。
⇒ ______ .

5 「フレンズ」を見ずにはいられない。
⇒ ______ .

pattern 026 I can't tell if... ～かどうかわからない

1 ミンジが寝たのかどうかわからない。
⇒ I ______ if Minji is asleep.

2 彼女が本当のことを言っているのかどうかわからない。
⇒ I ______ she is telling the truth.

3 彼が冗談を言っているのかどうかわからない。
⇒ ______ he's joking ______.

4 彼を信じられるかどうかわからない。
⇒ ______ . (trust)

5 私が正しいかどうかわからない。
⇒ ______ or not.

pattern 027 I can't believe (that) ... ～だなんて信じられない

1 あなたがそんなこと言うなんて信じられない。
⇒ I ______ you said that!

2 彼女がまだ独身なんて信じられない。
⇒ ______ she's still single.

3 彼女があなたを捨てたなんて信じられない。
⇒ ______ she ______ with you. (break up with)

4 私がだまされたなんて信じられない。
⇒ ______ that. (fall for)

5 私が物理でFを取ったなんて信じられない。
⇒ ______ in physics. (get)

Answer

025 1. can't stop 2. I can't stop / about 3. I can't stop 4. I can't stop playing this game 5. I can't stop watching *Friends* **026** 1. can't tell 2. can't tell if 3. I can't tell if / or not 4. I can't tell if I can trust him 5. I can't tell if I'm right **027** 1. can't believe (that) 2. I can't believe (that) 3. I can't believe (that) / broke up 4. I can't believe (that) I fell for 5. I can't believe (that) I got an F

Audio pattern 210

pattern 028 I can't understand why... なぜ〜なのかわからない

1 なぜきみがそれを望まないのかわからない。
⇨ I can't ________ you don't want it.

2 なぜみんながそんなに騒ぐのかわからない。
⇨ ________ people are making such a fuss.

3 なぜこんなことが起こったのかわからない。
⇨ ________ this happened.

4 なぜケイトが私に嫉妬するのかわからない。
⇨ ________ of me. (jealous)

5 なぜきみがそんなやり方をしようとしたのかわからない。
⇨ ________ that way.

pattern 029 Can't I...? 〜しちゃダメ?

1 それって明日やらなきゃダメ?
⇨ ________ I do it tomorrow?

2 代わりにお金だけ出しちゃダメ?
⇨ ________ I just ________ instead?

3 おばあちゃんの家に明日行かなきゃダメ?
⇨ ________ Grandma's house tomorrow?

4 明日の朝に電話をかけ直さなきゃダメ?
⇨ ________? (call... back)

5 それをやるのを後回しにしちゃダメ?
⇨ ________? (later)

pattern 030 Can't you...? 〜してくれない?/〜できない?

1 ちょっと待ってくれない?
⇨ ________ wait a little?

2 他の人に聞いてみてくれない?
⇨ ________ someone else?

3 もうちょっと待ってくれない?
⇨ ________ stay a little longer?

4 それについては忘れてくれない?
⇨ ________ about it? (forget)

5 今回だけは仲良くできない?
⇨ ________ just this once? (nice / each other)

Answer

028 1. understand why 2. I can't understand why 3. I can't understand why 4. I can't understand why Kate is jealous 5. I can't understand why you tried to do it 029 1. Can't 2. Can't / give money 3. Can't I go to 4. Can't I just call you back tomorrow morning 5. Can't I do that later 030 1. Can't you 2. Can't you ask 3. Can't you 4. Can't you just forget 5. Can't you be nice to each other

Audio pattern 211

pattern 031 You can't keep ...ing　いつまでも～することはできないよ

1 いつまでも彼の電話を無視するわけにはいかないよ。
⇒ ______ keep ignoring his calls.

2 いつまでもそのことを彼のせいにするわけにはいかないよ。
⇒ ______ blaming him for it.

3 いつまでも過去を後悔しながら生きるわけにはいかないよ。
⇒ You ______ the past.

4 いつまでもこのままでは生きていけないよ。
⇒ ______ like this.

5 いつまでも責任逃れをして生きていくわけにはいかないよ。
⇒ ______ your responsibilities. (run away from)

pattern 032 Don't forget to...　忘れずに～してね（～するのを忘れないでね）

1 忘れずに7時に起こしてね。
⇒ Don't ______ wake me up at 7.

2 忘れずに今週末は私に電話してね。
⇒ ______ me this weekend.

3 忘れずに次回はガールフレンドを連れてきてね。
⇒ ______ bring your girlfriend ______ .

4 忘れずに日焼け止めを塗ってね。
⇒ ______ . (put on sunscreen)

5 忘れずにゴミ箱を空にしてね。
⇒ ______ the trash can. (empty)

pattern 033 Don't be...　～しないで

1 そんなに敏感にならないで。
⇒ ______ so sensitive.

2 そんなに彼につらく当たらないで。
⇒ ______ so hard on him.

3 そんなにジェニーに意地悪しないで。
⇒ ______ so ______ to Jenny. (mean)

4 愚かにならないで。
⇒ ______ . (stupid)

5 そんなに都合のいい人間にならないで。
⇒ ______ such ______ . (doormat)

Answer

031 1. You can't 2. You can't keep 3. can't keep regretting 4. You can't keep living 5. You can't keep running away from 032 1. forget to 2. Don't forget to call 3. Don't forget to / next time 4. Don't forget to put on sunscreen 5. Don't forget to empty 033 1. Don't be 2. Don't be 3. Don't be / mean 4. Don't be stupid 5. Don't be / a doormat

Audio pattern 212

pattern 034 Don't even think about... ～しようなんて思うなよ

1 私から秘密を守ろうなんて思うなよ。
⇒ ________ think about keeping a secret from me.

2 明日夜更かしようなんて思うなよ。
⇒ ________ about sleeping in tomorrow.

3 元カノのことなんて思うなよ。
⇒ ________ your ex-girlfriend.

4 二度と私から去ろうなんて思うなよ。
⇒ ________ again. (leave)

5 当分の間、飲もうなんて思うなよ。
⇒ ________ . (drink / for a while)

pattern 035 Don't you have...? ～があるんじゃないの?／～はないの?

1 やるべきことがあるんじゃないの?
⇒ ________ have work to do?

2 プライドはないの?
⇒ ________ any self-respect?

3 隣人への配慮はないの?
⇒ ________ consideration for your neighbors?

4 今夜は重要なデートがあるんじゃないの?
⇒ ________ tonight? (big date)

5 明日は化学テストがあるんじゃないの?
⇒ ________ tomorrow? (chemistry exam)

pattern 036 Don't you think you should...? ～すべきだと思わない?

1 少なくとも試してみるべきだと思わない?
⇒ Don't you think ________ at least try?

2 医者に行くべきだと思わない?
⇒ ________ you ________ go see a doctor?

3 考え始めてみるべきだと思わない?
⇒ ________ think about that first?

4 短気を抑えるべきだと思わない?
⇒ ________? (control one's temper)

5 私に感謝すべきだと思わない?
⇒ ________? (thank)

Answer

034 1. Don't even 2. Don't even think 3. Don't even think about 4. Don't even think about leaving me 5. Don't even think about drinking for a while **035** 1. Don't you 2. Don't you have 3. Don't you have any 4. Don't you have a big date 5. Don't you have a chemistry exam **036** 1. you should 2. Don't you think / should 3. Don't you think you should 4. Don't you think you should control your temper 5. Don't you think you should thank me

Audio pattern 213

pattern 037 Don't tell me (that)... まさか〜じゃないでしょうね

1 まさか家に置いておいてきたわけじゃないでしょうね。
⇒ Don't ________ you left it at home.

2 まさか思い出せないわけじゃないでしょうね。
⇒ ________ you don't remember.

3 まさか気が変わったわけじゃないでしょうね。
⇒ ________ you've changed your mind.

4 まさか私を助けないつもりじゃないでしょうね。
⇒ ________________ . (be going to)

5 まさか人妻と浮気をするつもりじゃないでしょうね。
⇒ ________________ a married woman. (have an affair)

pattern 038 You don't... あなたは〜もしてくれない

1 きみは他の人のことを考えてもくれない。
⇒ ________ think about other people.

2 きみは私に話しかけてもくれない。
⇒ ______ even ______ me anymore.

3 きみはもう私のアドバイスに耳を傾けてもくれない。
⇒ ________________ my advice anymore.

4 きみは電話もくれない。
⇒ ______ even ____________ . (call... back)

5 きみは私を愛しているとさえも言ってくれない。
⇒ ________________ .

pattern 039 It's just... ただ〜だけだ／ただの〜だ

1 それはただのバカげた冗談だ！
⇒ ________ just a silly joke!

2 たったの3ドルだ。
⇒ ________ 3 dollars.

3 ただの時間とお金の無駄だ。
⇒ ________ a ________ of time and money. (waste)

4 ただの始まりに過ぎない。
⇒ ________________ . (beginning)

5 心配しないで。ただの定期検診だから。
⇒ Don't worry. ________________ . (routine checkup)

Answer

037 1. tell me (that) 2. Don't tell me (that) 3. Don't tell me (that) 4. Don't tell me (that) you're not going to help me 5. Don't tell me (that) you're having an affair with 038 1. You don't 2. You don't / talk to 3. You don't listen to 4. You don't / call me back 5. You don't tell me you love me 039 1. It's 2. It's just 3. It's just / waste 4. It's just the beginning 5. It's just a routine checkup

Audio pattern 214

pattern 040 It's time to... (もう／そろそろ) ～する時間だ

1 もう新しいことを始める時間だ。
⇒ It's ________ start doing something new.

2 もうさよならを言う時間だ。
⇒ ________ say good-bye.

3 もう終わりにする時間だ。
⇒ ________ wrap things ________ . (wrap... up)

4 テッド、もう目を覚ます時間だ!
⇒ ________, Ted! (get out of bed)

5 もう仕事の準備をする時間だ。
⇒ ________ . get ready for work)

pattern 041 It's just (that)... ただ単に～

1 ただ今日はとても疲れているだけだ。
⇒ ________ just that I'm so tired today.

2 ただ彼女は私のタイプではないだけだ。
⇒ ________ she's not my type.

3 ただ行きたくないだけだ
⇒ ________ I don't want to go.

4 ただ私はきみについてほとんど知らないだけだ。
⇒ ________ about you. (hardly / anything)

5 ただ私が結婚する準備ができていないだけだ。
⇒ ________ get married. (ready)

pattern 042 It's no wonder (that)... ～なのも当然だ／～なのも無理はない

1 ヘレンにたくさんの敵がいるのも当然だ。
⇒ It's ________ Helen has a lot of enemies.

2 あなたがまだ独身でいるのも当然だ。
⇒ ________ you're still single.

3 きみがとても眠くなるのも当然だ。
⇒ ________ you're so sleepy.

4 きみが痩せているのも当然だ。
⇒ ________ . (skinny)

5 きみが彼女を好ましく思うのも当然だ。
⇒ ________ .

Answer

040 1. time to 2. It's time to 3. It's time to / up 4. It's time to get out of bed 5. It's time to get ready for work **041** 1. It's 2. It's just (that) 3. It's just (that) 4. It's just (that) I hardly know anything 5. It's just (that) I'm not ready to **042** 1. no wonder (that) 2. It's no wonder (that) 3. (It's) No wonder (that) 4. (It's) No wonder (that) you're skinny 5. (It's) No wonder (that) you like her

Audio pattern 215

pattern 043 It seems like[that] ... ～のようだ

1 きみは大きな間違いを犯したようだ。
⇒ It ________ you made a huge mistake.

2 私がヒマなとき、きみはいつも忙しいようだ。
⇒ ________ you're always busy when I'm free.

3 きみはまったく気にしていないようだ。
⇒ ________ you don't ________ at all. (care)

4 彼はあなたを信頼していないようだ。
⇒ ________. (believe)

5 母は私ににずっと勉強してほしいと思っているようだ。
⇒ ________ all the time.

pattern 044 It's not like... ～ではないようだ

1 あなたが彼に恋をしているわけではないようだ。
⇒ ________ like you love him.

2 彼女が世界で唯一の女性ではないようだ。
⇒ ________ she's the only woman in the world.

3 やってみなかったわけではないようだ。
⇒ ________ I didn't try.

4 あなたは完璧ではないようだ。
⇒ ________. (perfect)

5 私はこれをしたかったわけではないようだ。
⇒ ________.

pattern 045 Is it ...? ～ですか?

1 外は暑いですか?
⇒ ________ hot outside?

2 明日は金曜日ですか?
⇒ ________ Friday ________?

3 今日は6月3日ですか?
⇒ ________ 3rd today?

4 申請するには遅過ぎますか?
⇒ ________? (too ... to... / apply)

5 そこに歩いていくには遠過ぎますか?
⇒ ________? (too ... to... / far)

Answer

043 1. seems that[like] 2. It seems like[that] 3. It seems like[that] / care 4. It seems like[that] he doesn't believe you 5. It seems like[that] my mom wants me to study 044 1. It's not 2. It's not like 3. It's not like 4. It's not like you're perfect 5. It's not like I wanted to do this 045 1. Is it 2. Is it / tomorrow? 3. Is it June 4. Is it too late to apply 5. Is it too far to walk there

Audio pattern 216

pattern 046 Is it possible to...? ～することはできますか?／～は可能ですか?

1 トイレは使えますか?
⇒ Is it ______ to use your bathroom?

2 個人的に話してもいいですか?
⇒ ______ to have a word with you in private?

3 これをオンラインで購入できますか?
⇒ ______ buy this online?

4 地下鉄でそこに行けますか?
⇒ ______ by subway? (get)

5 上司に相談できますか?
⇒ ______, please? (speak to)

pattern 047 Is it okay if...? ～してもいい?

1 今すぐ出発してもいい?
⇒ ______ okay if I leave now?

2 一人で来てもいい?
⇒ ______ I come by myself?

3 個人的な質問をしてもいい?
⇒ ______ you a personal question?

4 あなたの携帯電話を使ってもいい?
⇒ ______ cell phone? (use)

5 最初に行ってもいい?
⇒ ______? (go / first)

pattern 048 Isn't＋主語＋形容詞? ～じゃない

1 彼ってとても間抜けじゃない?
⇒ ______ he so dumb?

2 少な過ぎじゃない?
⇒ ______ too little?

3 それは不公平じゃない?
⇒ ______ unfair?

4 彼女ってとても可愛くない?
⇒ ______? (cute)

5 このレストランってかっこよくない?
⇒ ______? (restaurant / great)

Answer

046 1. possible 2. Is it possible 3. Is it possible to 4. Is it possible to get there 5. Is it possible to speak to the manager 047 1. Is it 2. Is it okay if 3. Is it okay if I ask 4. Is it okay if I use your 5. Is it okay if I go first 048 1. Isn't 2. Isn't that 3. Isn't that 4. Isn't she so cute 5. Isn't this restaurant so great

Audio pattern 217

pattern 049 Is this what...? これは～のもの?

1 これはあなたがさっき見たもの?
⇒ ＿＿＿＿ what you saw earlier?

2 これは私が考えていること?
⇒ ＿＿＿＿ I think it is?

3 これはあなたが買いたいもの?
⇒ ＿＿＿＿ you ＿＿＿＿ buy?

4 これはあなたが私にしてほしかったもの?
⇒ ＿＿＿＿ for you? (want)

5 これはあなたが最近取り組んでいたもの?
⇒ ＿＿＿＿ nowadays? (work on)

pattern 050 Is it true (that) ...? ～って本当?

1 ナタリーが離婚したって本当?
⇒ ＿＿＿＿ it ＿＿＿＿ that Natalie got divorced?

2 ジョンが今日仕事に来なかったって本当?
⇒ ＿＿＿＿ John didn't come to work today?

3 きみが彼と結婚したって本当?
⇒ ＿＿＿＿ you're marrying him?

4 ジョンがカナダに移住したって本当?
⇒ ＿＿＿＿ Canada? (move)

5 部長が解雇されたって本当?
⇒ ＿＿＿＿? (manager / be laid off)

pattern 051 That's because... それは～だからだ／だって～

1 それは彼が怠け者だからだ。
⇒ That's ＿＿＿＿ he's lazy.

2 それは私が気にしないからだ。
⇒ ＿＿＿＿ I don't care.

3 それは彼女が英語を流暢に話せないからだ。
⇒ ＿＿＿＿ doesn't speak English fluently.

4 それは私があなたに何も期待していないからだ。
⇒ ＿＿＿＿ anything from you.

5 それは彼が健康上の問題を抱えているからだ。
⇒ ＿＿＿＿.

Answer

049 1. Is this 2. Is this what 3. Is this what / want to 4. Is this what you wanted me to do 5. Is this what you're working on 050 1. Is / true 2. Is it true (that) 3. Is it true (that) 4. Is it true (that) John is moving to 5. Is it true (that) the manager was laid off 051 1. because 2. That's because 3. That's because she 4. That's because I don't expect 5. That's because he has health problems

Audio pattern 218

pattern 052 That's why... だから～／そういうわけで～

1 だからこの映画がとても人気があるんだ。
⇒ That's ______ the movie is so popular.

2 だから私は仕事を辞めるんだ。
⇒ ______ I'm quitting my job.

3 だから私はきみに聞きたかったんだ。
⇒ ______ to ask you.

4 だから私はそれについて話さなかったんだ。
⇒ ______ . (bring... up)

5 だからオリビアが1週間ずっと落ち込んでいるんだ。
⇒ ______ Olivia has been ______ . (be down / all week)

pattern 053 That's what... それは～のことだ

1 それが私が言いたいことだ。
⇒ ______ what I want to say.

2 それが私が知りたいことだ。
⇒ ______ I'd like to know.

3 それが私たちが今やろうとしていることだ。
⇒ ______ do right now. (be going to)

4 それが私が言おうとしていることだ。
⇒ ______ I'm ______ . (try)

5 それが私が探していたものだ。
⇒ ______ I've been ______ . (look for)

pattern 054 That's not what... それは～のことではない

1 それは私が言ったことではない。
⇒ ______ what I said.

2 それはあなたが先ほど言ったことではない。
⇒ ______ you said earlier.

3 それはあなたが言おうとしていたことではない。
⇒ ______ you were gonna say.

4 それは私があなたに頼んだことではない。
⇒ ______ . (ask)

5 それは私が興味を持っていることではない。
⇒ ______ . (be interested in)

Answer

052 1. why 2. That's why 3. That's why I wanted 4. That's why I didn't bring that up 5. That's why / down all week 053 1. That's 2. That's what 3. That's what we're going to 4. That's what / trying to say 5. That's what / looking for 054 1. That's not 2. That's not what 3. That's not what 4. That's not what I asked you to do 5. That's not what I'm interested in

Audio pattern 219

pattern 055 That's how... それが〜する方法だ／そんなふうに〜

1 それが私がビジネスを始めた方法だ。
⇨ That's ______ I started my own business.

2 それが私が健康を維持する方法だ。
⇨ ______ I stay healthy.

3 それがシステムが機能する方法だ。
⇨ ______ the system ______. (work)

4 そんなふうにしてヘンリーはとても人気者になったんだ。
⇨ ______ so popular. (popular)

5 それがYouTubeに動画をアップロードする方法だ。
⇨ ______ on YouTube. (post / video clip)

pattern 056 That's when... そのとき〜した／〜したのはそのときだ

1 そのとき父が私の部屋にやってきた。
⇨ That's ______ my dad walked into my room.

2 そのとき私が飲み始めた。
⇨ ______ I started drinking.

3 そのときアリスはサンタクロースを信じなくなった。
⇨ ______ Alice stopped believing in Santa Claus.

4 そのとき私は喫煙をやめた。
⇨ ______ smoking. (quit)

5 そのとき母は叫び始めた。
⇨ ______ yelling. (yell)

pattern 057 That's where... そこで〜した／〜したのはそこだ

1 そこで私たちは初めて出会った。
⇨ ______ where we first met.

2 私が住みたいのはそこだ。
⇨ ______ I want to live.

3 そこで私が生まれた。
⇨ ______ I was ______.

4 そこで1週間滞在した。
⇨ ______. (stay / for a week)

5 きみが誤解したのはそこなんだ。
⇨ ______. (be mistaken)

Answer

055 1. how 2. That's how 3. That's how / works 4. That's how Henry became 5. That's how you post a video clip **056** 1. when 2. That's when 3. That's when 4. That's when I finally quit 5. That's when my mom started **057** 1. That's 2. That's where 3. That's where / born 4. That's where we stayed for a week 5. That's where you're mistaken

Audio pattern 220

pattern 058 There's no... ～がない

1 他に方法がない。
⇨ ＿＿＿＿ other way.

2 ここにはそのような名前の人はいない。
⇨ ＿＿＿＿ by that name here.

3 急ぐ必要はない。スピードを落として。
⇨ ＿＿＿＿ hurry. Take your time. (need)

4 きみの振る舞いには弁解の余地がない。
⇨ ＿＿＿＿ . (excuse / behavior)

5 ここからはバスがない。
⇨ ＿＿＿＿ from here. (bus service)

pattern 059 There's nothing＋形容詞 / 不定詞... ～は何もない

1 恥ずかしいことは何もない。
⇨ There's ＿＿＿＿ to be ashamed of.

2 このお店に良いところは何もない。
⇨ ＿＿＿＿ at this store.

3 私たちを隔てるものは何もない。
⇨ ＿＿＿＿ us apart. (tear... apart)

4 心配することは何もない。
⇨ ＿＿＿＿ . (worry about)

5 あなたに問題は何もない。
⇨ ＿＿＿＿ . (wrong)

pattern 060 There seems to be... ～があるようだ

1 書類に誤りがあるようだ。
⇨ There ＿＿＿＿ an error in the documents.

2 他に方法はないようだ。
⇨ ＿＿＿＿ no other way.

3 誰かが行方不明のようだ。
⇨ ＿＿＿＿ someone ＿＿＿＿ . (missing)

4 あなたの車に何か問題があるようだ。
⇨ ＿＿＿＿ with your car. (wrong)

5 請求書に誤りがあるようだ。
⇨ ＿＿＿＿ on my bill. (mistake)

Answer

058 1. There's no 2. There's no one 3. There's no need to 4. There's no excuse for your behavior 5. There's no bus service **059** 1. nothing 2. There's nothing good 3. There's nothing to tear 4. There's nothing to worry about 5. There's nothing wrong with you **060** 1. seems to be 2. There seems to be 3. There seems to be / missing 4. There seems to be something wrong 5. There seems to be a mistake

Audio pattern 221

pattern 061 There's no way (that)... ～のはずがない

1 彼女があなたの言うことを聞くはずがない。
⇒ ________ she's gonna listen to you.

2 私が二度とあんなことを起こさせるはずがない。
⇒ ________ I'm gonna let that happen again.

3 私が二度と恋をするはずがない。
⇒ ________ I'll find love again.

4 彼がお酒を飲む機会を逃すはずがない。
⇒ ________ drinking. (miss out on)

5 母が私を手放すはずがない。
⇒ ________ me go. (let)

pattern 062 There must be... きっと～がある／～にちがいない

1 もっと良いものがあるにちがいない。
⇒ There ________ something better.

2 きっと彼が遅れているのには理由がある。
⇒ ________ a reason he's late.

3 きっと私たちに何かできることがある。
⇒ ________ we can do.

4 きっと解決策がある。
⇒ ________. (way out)

5 きっと2つの間にはつながりがある。
⇒ ________ between the two. (connection)

pattern 063 There's always... いつも～はある

1 いつだって例外はある。
⇒ There's ________ an exception.

2 いつだってこの時間帯には渋滞がある。
⇒ ________ heavy traffic at this time of day.

3 すべてのことには常に始まりがある。
⇒ ________ for everything. (first time)

4 いつだってすべてのコインには両面がある。
⇒ ________ to every coin. (side)

5 いつだって勝つ方法はある。
⇒ ________. (way / win)

Answer

061 1. There's no way (that) 2. There's no way (that) 3. There's no way (that) 4. There's no way (that) he'll miss out on 5. There's no way (that) my mom will let **062** 1. must be 2. There must be 3. There must be something 4. There must be a way out 5. There must be a connection **063** 1. always 2. There's always 3. There's always a first time 4. There's always two sides 5. There's always a way to win

Audio pattern 222

pattern 064 Is there any...? 何か～はある?

1 ミルクはまだある?
⇒ ______ any milk left?

2 何か食べるものはある?
⇒ ______ to eat?

3 それには何か特別な理由があるの?
⇒ ______ for that? (special / reason)

4 肉は入っている?
⇒ ______ in that? (meat)

5 この件で私を手伝ってくれる人はいる?
⇒ ______ this?

pattern 065 Who do you...? 誰を～する?

1 あなたは誰が一番好き?
⇒ ______ do you like best?

2 あなたは誰を一番尊敬している?
⇒ ______ respect the most?

3 あなたは誰を信頼する?
⇒ ______ believe?

4 あなたは誰と話したい?
⇒ ______? (speak to)

5 あなたは誰を念頭に置いている?
⇒ ______? (have in mind)

pattern 066 Who did...? 誰が～したの?

1 誰が料理をしたの?
⇒ ______ did the cooking?

2 誰が皿を洗ったの?
⇒ ______ the dishes?

3 誰が計算したの?
⇒ ______ the calculations?

4 誰が花をいけたの?
⇒ ______? (flowers)

5 誰が花嫁の化粧をしたの?
⇒ ______? (bride / makeup)

Answer

064 1. Is there 2. Is there anything 3. Is there any special reason 4. Is there any meat 5. Is there anyone who can help me with **065** 1. Who 2. Who do you 3. Who do you 4. Who do you want to speak to 5. Who do you have in mind **066** 1. Who 2. Who did 3. Who did 4. Who did the flowers 5. Who did the bride's makeup

Audio pattern 223

pattern 067 Who's going to[gonna]...? 誰が～するの?

1 誰がツケを払うの?
⇒ ______ gonna pick up the tab?

2 誰がヘーゼルを拾うの?
⇒ ______ pick up Hazel?

3 誰がこの混乱を片付けるの?
⇒ ______ clean up this mess?

4 誰が皿洗いを手伝ってくれるの?
⇒ ______ the dishes? (help... with)

5 誰が真実を語るの?
⇒ ______? (tell the truth)

pattern 068 Who else...? 誰がほかに～／ほかに誰が～

1 誰がほかにこれから利益を得る人は?
⇒ ______ else is benefitting from this?

2 誰がほかにあなたが来ることを知っている人は?
⇒ ______ knows you're coming?

3 誰がほかにクッキーを食べたい人は?
⇒ ______ a cookie? (want)

4 誰がほかに関与している人は?
⇒ ______? (be involved)

5 誰がほかにあなたと話す人は?
⇒ ______? (be going to tell)

pattern 069 Who says (that)...? ～だなんて誰が言ったの?

1 私が無責任だなんて誰が言ったの?
⇒ ______ I'm irresponsible?

2 あなたが変だなんて誰が言ったの?
⇒ ______ weird?

3 私に資格がないだなんて誰が言ったの?
⇒ ______ I'm not qualified?

4 私が彼を利用しただなんて誰が言ったの?
⇒ ______ him? (take advantage of~)

5 私が心変わりしただなんて誰が言ったの?
⇒ ______? (change one's mind)

Answer

067 1. Who's 2. Who's going to[gonna] 3. Who's gonna[going to] 4. Who's going to[gonna] help me with 5. Who's going to[gonna] tell the truth 068 1. Who 2. Who else 3. Who else wants 4. Who else is involved 5. Who else are you gonna[going to] tell 069 1. Who says (that) 2. Who says (that) you are 3. Who says (that) 4. Who says (that) I took advantage of 5. Who says (that) I changed my mind

Audio pattern 224

pattern 070 Who cares if... ～だからって誰も気にしないよ／～だからって何?

1 あなたが間違えたって誰も気にしないよ。
⇒ ______ cares if you make a mistake?

2 彼らが同意しないからって誰も気にしないよ。
⇒ ______ if they don't agree?

3 あなたが太っているかどうかなんて誰も気にしないよ。
⇒ ______ you're fat or not?

4 あなたが彼女にフラれたからって何?
⇒ ______ by her? (get rejected)

5 あなたがそれを着ているかどうかなんて誰も気にしないよ。
⇒ ______ that?

pattern 071 Who would...? 誰が～するだろうか?／誰も～しないよ

1 誰もハリーを信頼しないよ。
⇒ ______ would ______ Harry now? (believe)

2 誰もそんな愚かな提案を受け入れないよ。
⇒ ______ such a dumb proposal?

3 誰もそんなひどいことはしないよ。
⇒ ______ such a horrible thing?

4 誰もそんなことを想像しなかったよ。
⇒ ______ have ______ that? (imagine)

5 誰も私とデートしたくないよ。
⇒ ______ me? (date)

pattern 072 What if...? ～したらどうしよう?

1 両親に知られたらどうしよう?
⇒ What ______ my parents find out?

2 何も残っていなかったらどうしよう?
⇒ ______ there's nothing left?

3 彼が答えなかったらどうしよう?
⇒ ______ respond?

4 ミアがこれを望まなかったらどうしよう?
⇒ ______ this?

5 ジェームズが私のことを告げ口したらどうしよう?
⇒ ______ me? (tell on)

Answer

070 1. Who 2. Who cares 3. Who cares if 4. Who cares if you get rejected 5. Who cares if you wear 071 1. Who / believe 2. Who would accept 3. Who would do 4. Who would / imagined 5. Who would want to date 072 1. if 2. What if 3. What if he doesn't 4. What if Mia doesn't want 5. What if James tells on

Audio pattern 225

pattern 073 What makes you+形容詞 / 動詞の原形? どうして～なの?

1 どうしてあなたはそんなに楽観的なの?
⇒ ________ you so optimistic?

2 どうしてそう思うの?
⇒ ________ think that?

3 どうしてそんな風に笑ってるの?
⇒ ________ like that? (smile)

4 あなたのどこがそんなに特別なの?
⇒ ________? (special)

5 どうしてそんなに疲れているの?
⇒ ________? (tired)

pattern 074 What brings you...? どうして～に来たの?

1 どうしてこんなに早くここに来たの?
⇒ ________ brings you here so early?

2 どうしてロンドンに来たの?
⇒ ________ you to London?

3 どうしてあなたは私のオフィスに来たの?
⇒ ________ to my office?

4 どうしてこんな夜更けにここに来たの?
⇒ ________ so late in the night?

5 どうしてこの地域に来たの?
⇒ ________? (area)

pattern 075 What kind of...? どんな（種類の）～?

1 どんなタイプの男が好き?
⇒ What ________ guys are you interested in?

2 どんな映画が好き?
⇒ What ________ do you like?

3 どんな食べ物が食べたい?
⇒ ________ would you like to have?

4 どんな実務経験がある?
⇒ ________ do you have? (work experience)

5 サラダにはどんなドレッシングをかけたい?
⇒ ________ with your salad? (dressing)

Answer

073 1. What makes 2. What makes you 3. What makes you smile 4. What makes you so special 5. What makes you so tired 074 1. What 2. What brings 3. What brings you 4. What brings you here 5. What brings you to this area 075 1. kind of 2. kind of movies 3. What kind of food 4. What kind of work experience 5. What kind of dressing do you want

Audio pattern 226

pattern 076 What is[was]... like? ～はどんな感じ（だった）？

1 新しい仕事はどんな感じ？
⇒ ＿＿＿＿ your new job like?

2 お見合いデートはどんな感じだった？
⇒ ＿＿＿＿ your blind date like?

3 そこでの生活はどんな感じ？
⇒ ＿＿＿＿ your life ＿＿＿＿ over there?

4 オーウェンは子供の頃どんな感じだった？
⇒ ＿＿＿＿ boy? (as a little)

5 あのレストランはどんな感じだった？
⇒ ＿＿＿＿? (restaurant)

pattern 077 What do you mean...? ～ってどういうこと（意味）？

1 覚えていないってどういうこと？
⇒ ＿＿＿＿ do you ＿＿＿＿ you don't remember?

2 あなたたちが別れたってどういうこと？
⇒ ＿＿＿＿ you broke up?

3 時間が足りなかったってどういうこと？
⇒ ＿＿＿＿ there wasn't enough time?

4 彼がそこにいないってどういうこと？
⇒ ＿＿＿＿?

5 彼が来ないってどういうこと？
⇒ ＿＿＿＿? (be -ing)

pattern 078 What do(es) ... know (about...)? ～に…の何がわかるって言うの？

1 クリスに文学の何がわかるって言うの？
⇒ ＿＿＿＿ Chris know about literature?

2 きみに友情の何がわかるって言うの？
⇒ ＿＿＿＿ about friendship?

3 きみに結婚生活の何がわかるって言うの？
⇒ ＿＿＿＿ married life?

4 彼に女性の何がわかるって言うの？
⇒ ＿＿＿＿? (women)

5 彼女に正義の何がわかるって言うの？
⇒ ＿＿＿＿? (justice)

Answer

076 1. What is 2. What was 3. What is / like 4. What was Owen like as a little 5. What was the restaurant like **077** 1. What / mean 2. What do you mean 3. What do you mean 4. What do you mean he's not there 5. What do you mean he's not coming **078** 1. What does 2. What do you know 3. What do you know about 4. What does he know about women 5. What does she know about justice

Audio pattern 227

pattern 079 When did you...? いつ～したの?

1 今朝はいつ起きたの?
⇒ ______ did you ______ this morning?

2 いつ婚約したの?
⇒ ______________ you get engaged?

3 いつここで働き始めたの?
⇒ ______________ working here?

4 いつアレックスに最後に会ったの?
⇒ ______________ Alex? (last see)

5 いつ電話を充電したの?
⇒ ______________ your phone? (charge)

pattern 080 When are you ...ing? いつ～するの?

1 いつ新しいアパートに引っ越すの?
⇒ When ______________ into the new apartment?

2 いつコンサートに行くの?
⇒ ______________ to the concert?

3 いつ寝るの?
⇒ When ______________ ?

4 いつ入隊するの?
⇒ ______________ military service? (start)

5 いつ出産するの?
⇒ ______________ baby? (expect)

pattern 081 When was the last time...? 最後に～したのはいつ?

1 最後にビーチに行ったのはいつ?
⇒ ______ the last time you went to the beach?

2 最後にオイル交換をしたのはいつ?
⇒ ______________ you had an oil change?

3 最後に部屋を掃除したのはいつ?
⇒ ______________ you ______ your room?

4 最後にシャワーを浴びたのはいつ?
⇒ ______________ ? (take a shower)

5 最後に映画を見たのはいつ?
⇒ ______________ a movie? (watch)

Answer

079 1. When / get up 2. When did 3. When did you start 4. When did you last see 5. When did you charge **080** 1. are you moving 2. When are you going 3. are you going to bed 4. When are you starting your 5. When are you expecting your **081** 1. When was 2. When was the last time 3. When was the last time / cleaned 4. When was the last time you took a shower 5. When was the last time you watched

Audio pattern 228

pattern 082 Since when do you...? いつから～してるの?

1 いつからそんなに好奇心が強くなったの?
⇒ ______ did you get so curious?

2 いつから私のことを気にかけてくれてるの?
⇒ ______ even care about me?

3 いつから私たちの友情を大切にしてるの?
⇒ ______ our friendship? (value)

4 いつから私の言うことに耳を傾けるようになったの?
⇒ ______ what I have to say? (ever / listen)

5 いつからピアノのレッスンを受け始めたの?
⇒ ______ piano lessons? (take)

pattern 083 Where is...? ～はどこ?

1 トイレはどこ?
⇒ ______ is the bathroom?

2 最寄りのスーパーはどこ?
⇒ ______ the nearest supermarket?

3 ホッチキスはどこ?
⇒ ______ the stapler?

4 ジェフはどこ?
⇒ ______ ?

5 修正液はどこ?
⇒ ______ ? (whiteout)

pattern 084 Where can I...? どこで～できますか?／どこで～すればいいですか?

1 どこでコピー機を見つけることができますか?
⇒ ______ can I find the photocopier?

2 どこで最寄りの公衆電話を見つけることができますか?
⇒ ______ find the nearest payphone?

3 どこでATMを見つけることができますか?
⇒ ______ an ATM?

4 どこで駐車許可証をもらえますか?
⇒ ______ ? (parking permit)

5 どこでタクシーを拾えますか?
⇒ ______ ? (catch a taxi)

Answer

082 1. Since when 2. Since when do you 3. Since when do you value 4. Since when do you ever listen to 5. Since when did you start taking **083** 1. Where 2. Where is 3. Where is 4. Where is Jeff 5. Where is the whiteout **084** 1. Where 2. Where can I 3. Where can I find 4. Where can I get a parking permit 5. Where can I catch a taxi

Audio pattern 229

pattern 085 Where did you...? どこで～したの?

1 どこでジェーンと知り合ったの?
⇒ Where ＿＿＿＿ Jane?

2 どこでこのコーヒー豆を買ったの?
⇒ ＿＿＿＿ this ground coffee?

3 どこで今日は昼食をとったの?
⇒ ＿＿＿＿ lunch today?

4 どこでその本を手に入れたの?
⇒ ＿＿＿＿ that book? (have)

5 どこで婚約者と知り合ったの?
⇒ ＿＿＿＿ fiancée? (get)

pattern 086 Why did you...? どうして～したの?

1 どうして彼にメールしたの?
⇒ ＿＿＿＿ did you text him?

2 どうして髪型を変えたの?
⇒ ＿＿＿＿ change your hairstyle?

3 どうして私に会いたいの?
⇒ ＿＿＿＿ see me?

4 どうして内定を断ったの?
⇒ ＿＿＿＿ the job offer? (turn down)

5 どうして学校を中退したの?
⇒ ＿＿＿＿? (quit)

pattern 087 Why don't you...? どうして～しないの?

1 どうしてハリソンと話さないの?
⇒ Why ＿＿＿＿ talk to Harrison?

2 どうしてきみにはガールフレンドがいないの?
⇒ ＿＿＿＿ have a girlfriend?

3 どうしてきみはレイチェルが好きではないの?
⇒ ＿＿＿＿ Rachel?

4 どうしてきみは年相応に振る舞わないの?
⇒ ＿＿＿＿? (act one's age)

5 どうして私のアドバイスを聞かないの?
⇒ ＿＿＿＿? (listen / advice)

Answer

085 1. did you meet 2. Where did you buy 3. Where did you have 4. Where did you get 5. Where did you meet your 086 1. Why 2. Why did you 3. Why did you want to 4. Why did you turn down 5. Why did you quit school 087 1. don't you 2. Why don't you 3. Why don't you like 4. Why don't you act your age 5. Why don't you listen to my advice

Audio pattern 230

pattern 088 Why didn't you...? どうして～しなかったの?

1 どうして事前に教えてくれなかったの?
⇒________ you let me know in advance?

2 どうして事前に教えてくれなかったの?
⇒________ me before?

3 どうしてもっと早くやらなかったの?
⇒________ that sooner?

4 どうして反撃しなかったの?
⇒________? (fight back)

5 どうして私の電話に出なかったの?
⇒________? (answer one's phone call)

pattern 089 Why are you so...? どうしてそんなに～なの?

1 どうしてきみはそんなに批判的なの?
⇒Why ________ so judgmental?

2 どうしてきみは他人をそんなに意識しているの?
⇒________ so self-conscious?

3 どうしてきみはあらゆることにそんなに否定的なの?
⇒________ about everything? (negative)

4 どうしてきみはそんなに心配しているの?
⇒________? (worried)

5 どうしてきみはそんなに深刻なの?
⇒________? (serious)

pattern 090 Why are you being so...? どうしてそんなに～しているの?

1 どうしてそんなに利己的なの?
⇒________ being so selfish?

2 どうしてそんなに防御的なの?
⇒________ so defensive?

3 どうしてそんなに彼に残酷なの?
⇒________ cruel to him?

4 どうしてそんなに攻撃的なの?
⇒________? (aggressives)

5 どうしてそんなにしつこいの?
⇒________? (persistent)

Answer

088 1. Why didn't 2. Why didn't you tell 3. Why didn't you do 4. Why didn't you fight back 5. Why didn't you answer my phone call 089 1. are you 2. Why are you 3. Why are you so negative 4. Why are you so worried 5. Why are you so serious 090 1. Why are you 2. Why are you being 3. Why are you being so 4. Why are you being so aggressive 5. Why are you being so persistent

Audio pattern 231

pattern 091 Why aren't you ...ing? どうして～してないの?

1 どうして準備ができていないの?
⇒ Why ______ getting ready?

2 どうしてまだそれをしていないの?
⇒ ______ still doing it?

3 どうしてコーヒーを飲まないの?
⇒ ______ coffee?

4 どうして私の言うことを聞かないの?
⇒ ______? (listen)

5 どうして私に電話しないの?
⇒ ______? (return one's call(s))

pattern 092 Why can't I ...? どうして～しちゃダメなの?/どうして～できないんだろう?

1 どうして彼の名前が思い出せないんだろう?
⇒ ______ I remember his name?

2 どうしてここに駐車しちゃダメなの?
⇒ ______ park here?

3 どうしてそれを買っちゃダメなの?
⇒ ______ that one?

4 どうして明日これをしちゃダメなの?
⇒ ______?

5 どうして今外出しちゃダメなの?
⇒ ______? (go out)

pattern 093 Why should I ...? どうして～しなきゃいけないの?

1 どうしてきみの友達でいなきゃいけないの?
⇒ ______ I be your friend?

2 どうしてそれに同意しなきゃいけないの?
⇒ ______ agree to that?

3 どうしてきみと話さなきゃいけないの?
⇒ ______ you?

4 どうしてきみを信じなきゃいけないの?
⇒ ______? (believe)

5 どうしてきみを説得しなきゃいけないの?
⇒ ______? (persuade)

Answer

091 1. aren't you 2. Why aren't you 3. Why aren't you drinking 4. Why aren't you listening to me 5. Why aren't you returning my calls 092 1. Why can't 2. Why can't I 3. Why can't I buy 4. Why can't I do it tomorrow 5. Why can't I go out now 093 1. Why should 2. Why should I 3. Why should I talk to 4. Why should I believe you 5. Why should I persuade you

Audio pattern 232

pattern 094 How was...? ～はどうだった?

1 会議はどうだった?
⇒ ________ was the meeting?

2 新婚旅行はどうだった?
⇒ ________ your honeymoon?

3 昨夜の結婚記念日の夕食はどうだった?
⇒ ________ your anniversary dinner ________ ?

4 仕事の初日はどうだった
⇒ ________ of work? (first day)

5 あなたの一日はどうだった?
⇒ ________ ? (day)

pattern 095 How do I...? どうやって～するの?

1 どうやってアパートへ行くの?
⇒ ________ get to your apartment?

2 どうやってこのプログラムをインストールするの?
⇒ ________ this program? (install)

3 どうやってこのアプリを開くの?
⇒ ________ this app?

4 どうやってこれらのファイルを削除するの?
⇒ ________ ? (delete)

5 どうやってあなたなしで生きるの?
⇒ ________ ?

pattern 096 How do you know...? どうして～を知ってるの?

1 どうして私をそんなによく知ってるの?
⇒ ________ know me so well?

2 どうしてスティーブンを知ってるの?
⇒ ________ Stephen?

3 どうして私の名前を知ってるの?
⇒ ________ my name?

4 どうしてこれが偽物だと知ってるの?
⇒ ________ ? (fake)

5 どうして彼が私のタイプではないと知ってるの?
⇒ ________ ? (type)

Answer

094 1. How 2. How was 3. How was / last night 4. How was your first day 5. How was your day today 095 1. How do I 2. How do I install 3. How do I open 4. How do I delete these files 5. How do I live without you 096 1. How do you 2. How do you know 3. How do you know 4. How do you know this is a fake 5. How do you know he is not my type

Audio pattern 233

pattern 097 How come...? どうして〜

1 どうして仕事に遅れたの?
⇒ ______ come you were late for work?

2 どうして私にそんなに腹を立てているの?
⇒ ______ you're so pissed at me?

3 どうしてキャリーともう付き合っていないの?
⇒ ______ seeing Carrie anymore?

4 どうして彼は私を招待しなかったの?
⇒ ______?

5 どうして今日は機嫌が悪いの?
⇒ ______ today? (in a bad mood)

pattern 098 How do you feel about...? 〜のことどう思う?

1 私のボーイフレンドのことどう思う?
⇒How ______ about my boyfriend?

2 私のことどう思う?
⇒ ______ about me?

3 デービッドの考えについてどう思う?
⇒ ______ David's idea?

4 整形手術についてどう思う?
⇒ ______? (plastic surgery)

5 私と一緒に働くことをどう思う?
⇒ ______?

pattern 099 How could you...? どうして〜できるの?

1 どうして私にこんなことができるの?
⇒ ______ could you do this to me?

2 どうして私たちのカードを限度額まで使用できるの?
⇒ ______ max out our card?

3 どうしてこれについて知ることができるの?
⇒ ______ about this?

4 どうして私に隠れてこんなことができるの?
⇒ ______ do this ______? (behind one's back)

5 どうしてそんな嘘をつくことができるの?
⇒ ______? (lie / like that)

Answer

097 1. How 2. How come 3. How come you're not 4. How come he didn't invite me 5. How come you're in a bad mood 098 1. do you feel 2. How do you feel 3. How do you feel about 4. How do you feel about plastic surgery 5. How do you feel about working with me 099 1. How 2. How could you 3. How could you not know 4. How could you / behind my back 5. How could you lie like that

Audio pattern 234

pattern 100 How am I supposed to know...? どうして私が～を知らなきゃいけないわけ？

1 どうして私がそれをしたのが誰かを知らなきゃいけないわけ？
⇒ ________ supposed to know who did it?

2 どうして私がそれを知らなきゃいけないわけ？
⇒ ________ know that?

3 どうして私がエイデンがどこにいるかを知らなきゃいけないわけ？
⇒ ________ where Aiden is?

4 どうして私が彼女が結婚しているかどうかを知らなきゃいけないわけ？
⇒ ________ if ________? (be married)

5 どうして私がゾーイが嘘をついた理由を知らなきゃいけないわけ？
⇒ ________? (lie)

pattern 101 How much is...? ～はいくらですか？

1 このシャツはいくらですか？
⇒ ________ is this dress shirt?

2 サービス料はいくらですか？
⇒ ________ the service charge?

3 子供の往復料金はいくらですか？
⇒ ________ a round-trip ticket ________?

4 月額家賃はいくらですか？
⇒ ________? (monthly rent)

5 入場料はいくらですか？
⇒ ________? (admission fee)

pattern 102 How often do you...? どのくらいよく～するの？

1 どのくらいよく服を買いに行くの？
⇒ How ________ do you go shopping for clothes?

2 どのくらいよく彼氏に会うの？
⇒ ________ see your boyfriend?

3 どのくらいよく泳ぎに行くの？
⇒ ________ swimming?

4 どのくらいよくお弁当を作るの？
⇒ ________ your own ________? (pack)

5 どのくらいよく教会に行くの？
⇒ ________ church?

Answer

100 1. How am I 2. How am I supposed to 3. How am I supposed to know 4. How am I supposed to know / she's married 5. How am I supposed to know why Zoey lied **101** 1. How much 2. How much is 3. How much is / for children 4. How much is the monthly rent 5. How much is the admission fee **102** 1. often 2. How often do you 3. How often do you go 4. How often do you pack / lunch 5. How often do you go to

Audio pattern 235

pattern 103 How soon can...? どのくらいで～できる?

1 どのくらいで返事をもらえる?
⇒ ＿＿＿＿ soon can you get back to me?

2 どのくらいでここから出られる?
⇒ ＿＿＿＿ can we get out of here?

3 どのくらいでレポートを完成させることができる?
⇒ ＿＿＿＿ finish the report?

4 どのくらいで資金を調達できる?
⇒ ＿＿＿＿ the money? (come up with)

5 どのくらいでそれを修正できる?
⇒ ＿＿＿＿? (fix)

pattern 104 How long have you p.p.? どのくらい～してるの?

1 オースティンとはどのくらい一緒に働いているの?
⇒ ＿＿＿＿ have you worked with Austin?

2 どのくらい運転しているの?
⇒ ＿＿＿＿ behind the wheel?

3 どのくらい待っているの?
⇒ ＿＿＿＿ waiting?

4 どのくらいの期間、失業しているの?
⇒ ＿＿＿＿? (unemployed)

5 どのくらい公務員として働いているの?
⇒ ＿＿＿＿ the government? (work for)

pattern 105 How long does it take to...? ～するのにどのくらいかかる?

1 学校まで歩くのにどのくらいかかる?
⇒How long ＿＿＿＿ to walk to school?

2 新幹線で名古屋に行くのにどのくらいかかる?
⇒ ＿＿＿＿ to go to Nagoya by Bullet Train?

3 飛行機でそこに行くのにどのくらいかかる?
⇒ ＿＿＿＿ fly there?

4 化粧するのにどのくらいかかる?
⇒ ＿＿＿＿? (put on one's makeup)

5 車でそこに行くのにどのくらいかかる?
⇒ ＿＿＿＿? (drive)

Answer

103 1. How 2. How soon 3. How soon can you 4. How soon can you come up with 5. How soon can you fix it **104** 1. How long 2. How long have you been 3. How long have you been 4. How long have you been unemployed 5. How long have you worked for **105** 1. does it take 2. How long does it take 3. How long does it take to 4. How long does it take to put on your makeup 5. How long does it take to drive there

Audio pattern 236

pattern 106 How many+名詞...? いくつの〜?

1 何部必要なの?
⇒ ______ copies do we need?

2 何回ヘイリーに電話したの?
⇒ How ______ did you call Hailey?

3 何人が負傷したの?
⇒ ______ were injured?

4 アジアでいくつの国々に行ったの?
⇒ ______ Asian countries ______? (have been to)

5 何回今日は笑ったの?
⇒ ______? (time / laugh)

pattern 107 How much+名詞...? どれくらいの〜?

1 どれくらいのお金をそれを買うために払ったの?
⇒How ______ money did you pay for that?

2 毎晩いつもどれくらい寝るの?
⇒ ______ sleep do you usually get every night?

3 どれくらい体重が減ったの?
⇒ ______ did you lose?

4 どれくらいのお金を彼に貸したの?
⇒ ______ him? (lend)

5 どれくらいの時間をかけて髪を整えたの?
⇒ ______ on your hair? (time / spend)

pattern 108 I was shocked to... 〜してショックだった

1 彼女がテストで不正行為をしているのを見てショックだった。
⇒ I ______ to see her cheating on the test.

2 彼女が夫をだましていたことを知ってショックだった。
⇒ ______ find out she was cheating on her husband.

3 そのビデオクリップを見てショックだった。
⇒ ______ the video clip.

4 彼が解雇されたと聞いてショックだった。
⇒ ______ that ______? (be fired)

5 その事件のことを聞いてショックだった。
⇒ ______. (hear of / accident)

Answer

106 1. How many 2. many times 3. How many people 4. How many / have you been to 5. How many times did you laugh today **107** 1. much 2. How much 3. How much weight 4. How much money did you lend 5. How much time did you spend **108** 1. was shocked 2. I was shocked to 3. I was shocked to see 4. I was shocked to hear / he was fired 5. I was shocked to hear of the accident

Audio pattern 237

pattern 109 I'm willing to... 喜んで～する／～する覚悟がある

1 きみがやりたいことは何でもする覚悟だ。
⇒ I'm ＿＿＿＿ do whatever you want.

2 喜んでそれを我慢する。
⇒ ＿＿＿＿ put up with that.

3 喜んで彼を説得する。
⇒ ＿＿＿＿ to convince him.

4 喜んで代償を払う。
⇒ ＿＿＿＿ . (pay the price)

5 喜んで妥協する。
⇒ ＿＿＿＿ . (compromise)

pattern 110 I'm nervous about... ～が心配だ／～のために緊張する

1 運転免許試験が心配だ。
⇒ I'm nervous ＿＿＿＿ the driving test.

2 私のソロパートが心配だ。
⇒ ＿＿＿＿ my solo part.

3 検査結果が少し心配だ。
⇒ ＿＿＿＿ the test results. (a little)

4 ソフィアに話すことで緊張している。
⇒ ＿＿＿＿ Sophia. (talk to)

5 明日の発表が心配だ。
⇒ ＿＿＿＿ . (tomorrow's presentation)

pattern 111 I'm upset about... ～に腹が立つ／イライラする

1 マイケルが嘘をついたことに腹が立つ。
⇒ I'm ＿＿＿＿ about Michael's lies.

2 キャサリンにも腹が立つ。
⇒ ＿＿＿＿ Katherine too.

3 それについてはそれほど腹を立てていない。
⇒ ＿＿＿＿ about it. (that)

4 兄に腹が立つ。
⇒ ＿＿＿＿ .

5 彼のマナーの悪さに腹が立つ。
⇒ ＿＿＿＿ . (bad manners)

Answer

109 1. willing to 2. I'm willing to 3. I'm willing to do anything 4. I'm willing to pay the price 5. I'm willing to compromise **110** 1. about 2. I'm nervous about 3. I'm a little nervous about 4. I'm nervous about talking to 5. I'm nervous about tomorrow's presentation **111** 1. upset 2. I'm upset about 3. I'm not that upset 4. I'm upset about my brother 5. I'm upset about his bad manners

Audio pattern 238

pattern 112 I'm totally... ものすごく～

1 私は完全にあなたの味方だ。
⇒ I'm ______ on your side.

2 ものすごくイライラしている。
⇒ ______ annoyed.

3 ものすごくお金がないんだ。
⇒ ______ broke.

4 ものすごくそれに反対している。
⇒ ______ . (be against)

5 ものすごくこの曲に夢中になっている。
⇒ ______ this song. (be addicted to)

pattern 113 This is totally... これは本当に（まったく）～

1 これは本当に不快だ。
⇒ ______ totally offensive.

2 これはまったく合法だ。
⇒ ______ legit.

3 これは本当に私のせいだ。
⇒ ______ my fault.

4 これは本当に無責任だ。
⇒ ______ . (irresponsible)

5 これは本当に無関係だ。
⇒ ______ . (irrelevant)

pattern114 I'm kind of... ちょっと～

1 ちょっと混乱しているんだ。
⇒ I'm ______ confused.

2 今はちょっと安心した。
⇒ ______ relieved now.

3 私はちょっと仕切り屋なんだ。
⇒ ______ a control freak.

4 ちょっと問題があるんだ。
⇒ ______ . (be in trouble)

5 ちょっと今週はタイトなスケジュールだ。
⇒ ______ . (be on a tight schedule)

Answer

112 1. totally 2. I'm totally 3. I'm totally 4. I'm totally against that 5. I'm totally addicted to 113 1. This is 2. This is totally 3. This is totally 4. This is totally irresponsible 5. This is totally irrelevant 114 1. kind of 2. I'm kind of 3. I'm kind of 4. I'm kind of in trouble 5. I'm kind of on a tight schedule this week

Audio pattern 239

pattern115 I don't feel like... ～したくない／～する気がしない

1 スパゲッティは食べる気がしない。
⇒ I don't ______ eating spaghetti.

2 冗談を言う気がしない。
⇒ I don't ______ around. (joke around)

3 マイクと話す気がしない。
⇒ ______ to Mike.

4 最近は働く気がしない。
⇒ ______ .

5 パーティに行く気がしない。
⇒ ______ . (these days)

pattern 116 I think (that)... ～だと思う

1 それは何も悪いことではないと思う。
⇒ ______ there's nothing wrong with it.

2 ハイジは何かを隠していると思う。
⇒ ______ Heidi is hiding something.

3 オフィスにそれを置き忘れたと思う。
⇒ ______ at your office.

4 手頃な価格だと思う。
⇒ ______ . (reasonable)

5 私も同じことをするのではないかと思う。
⇒ ______ . (will / do the same)

pattern 117 I don't think (that)... ～だとは思わない

1 それほど深刻だとは思わない。
⇒ ______ think it's that serious.

2 私は彼女が頭がいいとは思わない。
⇒ ______ she's intelligent.

3 彼はあなたのタイプだとは思わない。
⇒ ______ he's your type.

4 それは良い考えだとは思わない。
⇒ ______ that's such a ______ . (idea)

5 金曜日までにこれを終えられるとは思わない。
⇒ ______ by Friday. (get ... done)

Answer

115 1. feel like 2. feel like joking 3. I don't feel like talking 4. I don't feel like working these days 5. I don't feel like going to the party 116 1. I think (that) 2. I think (that) 3. I think (that) I left it 4. I think (that) the price is reasonable 5. I think (that) I'll do the same 117 1. I don't 2. I don't think (that) 3. I don't think (that) 4. I don't think (that) / good idea 5. I don't think (that) I can get this done

Audio pattern 240

pattern 118 Do you think (that) ...? ～だと思う?

1 私が最初に謝るべきだと思う?
⇒ ________ think I should apologize first?

2 私が昨日生まれたとでも思う?
⇒ ________ I was born yesterday?

3 彼が一晩で別の人になると思う?
⇒ ________ he'll become a ________ overnight?

4 ケビンとリリーはカップルになれると思う?
⇒ ________ Kevin and Lily ________ ? (can / become)

5 ニコラスは正しいと思う?
⇒ ________ ? (right)

pattern 119 Don't you think (that)...? ～だと思わない?

1 それについて考えるべきだと思わない?
⇒ ________ you think you should think about it?

2 私が同意するべきだと思わない?
⇒ ________ I should say yes?

3 ちょっとやり過ぎだったと思わない?
⇒ ________ you went a little overboard?

4 ここは窮屈だと思わない?
⇒ ________ ? (stuffy)

5 きみは今、私に意地悪していると思わない?
⇒ ________ to me now? (mean)

pattern 120 What do you think of[about] ...? ～のことをどう思う?

1 私の新しいカバンのことをどう思う?
⇒ ________ do you think of my new bag?

2 あそこに座っている男のことをどう思う?
⇒ ________ about that guy sitting over there?

3 K-POPのことをどう思う?
⇒ ________ K-pop?

4 プラトニックラブってどう思う?
⇒ ________ ? (platonic)

5 アンソニーのことをどう思う?
⇒ ________ ? (think of)

Answer

118 1. Do you 2. Do you think (that) 3. Do you think (that) / different person 4. Do you think (that) / can become a couple 5. Do you think (that) Nicholas is right 119 1. Don't 2. Don't you think (that) 3. Don't you think (that) 4. Don't you think (that) it's stuffy in here 5. Don't you think (that) you're being mean 120 1. What 2. What do you think 3. What do you think about 4. What do you think about platonic love 5. What do you think of Anthony

Audio pattern 241

pattern 121 I can't think of... ～を思いつかない

1 いいアイデアを思いつかない。
⇒ I can't ________ a good idea.

2 より良い計画を思いつかない。
⇒ ________ a better plan.

3 私にできることを思いつかない。
⇒ ________ I can do.

4 もっと良いプレゼントを思いつかない。
⇒ ________ . (nicer present)

5 彼の名前を思いつかない。
⇒ ________ .

pattern 122 I (have) never thought (that) ... ～とは思ってもみなかった

1 彼女と恋に落ちるとは思ってもみなかった。
⇒I never ________ I'd fall in love with her.

2 私がこんなことを言うことになるとは思ってもみなかった。
⇒ ________ I'd say this.

3 彼が私を裏切るとは思ってもみなかった。
⇒ ________ betray me.

4 こんなことが起こるとは思ってもみなかった。
⇒ ________ . (could / happen)

5 あなたからまた連絡が来るとは思ってもみなかった。
⇒ ________ I'd ________ . (hear from)

pattern 123 Let's... ～しよう

1 とにかく行こう。
⇒ ________ just go.

2 このプロジェクトを明日から始めよう。
⇒ ________ this project tomorrow.

3 私たちの未来について話そう。
⇒ ________ our future.

4 近日中にランチでもしよう。
⇒ ________ . (have / soon)

5 それについては一晩寝て考えよう。
⇒ ________ . (sleep on)

Answer

121 1. think of 2. I can't think of 3. I can't think of anything 4. I can't think of a nicer present 5. I can't think of his name 122 1. thought (that) 2. I (have) never thought (that) 3. I (have) never thought (that) he would 4. I (have) never thought (that) this could happen 5. I (have) never thought (that) / hear from you again 123 1. Let's 2. Let's start 3. Let's talk about 4. Let's have lunch together soon 5. Let's sleep on it

Audio pattern 242

pattern124 How about...? ～はどう?

1 明後日はどう?
⇒ ________ about the day after tomorrow?

2 フリーランスで働くのはどう?
⇒ ________ working as a freelancer?

3 私たちと一緒にコーヒーを飲むのはどう?
⇒ ________ us for coffee? (join)

4 新しくできたイタリアンレストランに行ってみるのはどう?
⇒ ________ place? (try)

5 今夜飲みに行くのはどう?
⇒ ________ tonight? (go out for a drink)

pattern 125 Why don't you...? ～するのはどう?／～したら?

1 ちょっと休んだら?
⇒ ________ don't you rest for a minute?

2 奥さんと一緒に来たら?
⇒ ________ bring your wife?

3 着てみたら?
⇒ ________ try it ________ ? (try ... on)

4 配管工を呼んだら?
⇒ ________ ? (plumber)

5 警察を呼んだら?
⇒ ________ ?

pattern 126 Would you care for...? ～はいかが?

1 デザートでアイスクリームはいかが?
⇒ ________ care for some ice cream for dessert?

2 もう一杯いかが?
⇒ ________ another drink?

3 アイスティーはいかが?
⇒ ________ iced tea?

4 何か飲み物はいかが?
⇒ ________ ?

5 お代わりはいかが?
⇒ ________ ? (refill)

Answer

124 1. How 2. How about 3. How about joining 4. How about trying the new Italian 5. How about going out for a drink **125** 1. Why 2. Why don't you 3. Why don't you / on 4. Why don't you call a plumber 5. Why don't you call the police **126** 1. Would you 2. Would you care for 3. Would you care for 4. Would you care for something to drink 5. Would you care for a refill

Audio pattern 243

pattern 127 You'd better... ～したほうがいいよ

1 まずは落ち着いたほうがいいよ。
⇒ ______ better calm down first.

2 そのアイデアはもう一度考えたほうがいいよ。
⇒ ______ rethink that idea.

3 ものを言う前に考えたほうがいいよ。
⇒ ______ before you speak.

4 自分の言葉に気をつけたほうがいいよ。
⇒ ______ . (watch one's language)

5 服を着込んだほうがいいよ。
⇒ ______ . (bundle up)

pattern 128 You'd better not... ～しないほうがいいよ

1 今は彼に話しかけないほうがいいよ。
⇒ ______ not talk to him now.

2 もう二度としないほうがいいよ。
⇒ ______ do that again.

3 肉を食べ過ぎないほうがいいよ。
⇒ ______ so much meat.

4 彼の忠告には従わないほうがいいよ。
⇒ ______ . (follow)

5 ジュリアンと付き合わほうがいいよ。
⇒ ______ Julian. (hang out with)

pattern 129 Maybe we should... ～したほうがいいかもしれない

1 私たちただの友達のほうがいいかもしれない。
⇒ Maybe ______ just be friends.

2 これは後でやったほうがいいかもしれない。
⇒ ______ do this later.

3 何か新しいことを試したほうがいいかもしれない。
⇒ ______ something new.

4 内密に話したほうがいいかもしれない。
⇒ ______ . (privately)

5 誰かを呼んだほうがいいかもしれない。
⇒ ______ .

Answer

127 1. You'd 2. You'd better 3. You'd better think 4. You'd better watch your language 5. You'd better bundle up 128 1. You'd better 2. You'd better not 3. You'd better not eat 4. You'd better not follow his advice 5. You'd better not hang out with 129 1. we should 2. Maybe we should 3. Maybe we should try 4. Maybe we should talk privately 5. Maybe we should call someone

Audio pattern 244

pattern 130 I suggest we... ～したほうがいいと思う

1 もうこの辺で帰ったほうがいいと思う。
⇒I ＿＿＿＿ we call it a day.

2 今日の午後5時にここで会ったほうがいいと思う。
⇒ ＿＿＿＿ meet here at five this afternoon.

3 最初からやり直したほうがいいと思う。
⇒ ＿＿＿＿ again from the beginning.

4 計画通りに進めたほうがいいと思う。
⇒ ＿＿＿＿ as ＿＿＿＿ . (proceed / plan)

5 その申し出を受け入れたほうがいいと思う。
⇒ ＿＿＿＿ . (accept / offer)

pattern 131 I've got to[gotta]... ～しなくちゃ

1 マックスが大丈夫かどうか確認しなくちゃ。
⇒I've ＿＿＿＿ check up on Max.

2 君に話をしなくちゃ。
⇒ ＿＿＿＿ tell you something.

3 今から出かけなくちゃ。
⇒ ＿＿＿＿ now. (go out)

4 私が間違っていたことを認めなくちゃ。
⇒ ＿＿＿＿ . (admit / wrong)

5 オシッコをしなくちゃ。
⇒ ＿＿＿＿ . (pee)

pattern 132 Do I have to...? ～しないとダメ?

1 彼に謝らないとダメ?
⇒ ＿＿＿＿ have to apologize to her?

2 ネクタイしないとダメ?
⇒ ＿＿＿＿ wear a tie?

3 本当にそれをやり直さないとダメ?
⇒ ＿＿＿＿ do it over again?

4 遅延料も払わないとダメ?
⇒ ＿＿＿＿ as well? (late fee)

5 私がいちいち説明しないとダメ?
⇒ ＿＿＿＿ for you? (spell out / everything)

Answer

130 1. suggest 2. I suggest we 3. I suggest we start 4. I suggest we proceed / planned 5. I suggest we accept the offer **131** 1. got to[gotta] 2. I've got to[gotta] 3. I've gotta[got to] go out 4. I've gotta[got to] admit I was wrong 5. I've gotta[got to] pee **132** 1. Do I 2. Do I have to 3. Do I really have to 4. Do I have to pay a late fee 5. Do I have to spell out everything

Audio pattern 245

pattern 133 You don't have to... ～しなくていいよ

1 私に全てを話さなくてもいいよ。
⇒ ______ have to tell me everything.

2 お情けで優しくしてくれなくていいよ。
⇒ ______ be nice to me out of pity.

3 今日は買い物に行かなくていいよ。
⇒ ______ grocery shopping today.

4 わざわざそこに行かなくてもいいよ。
⇒ ______ . (on purpose)

5 予約しなくてもいいよ。
⇒ ______ . (make a reservation)

pattern 134 You'll have to... ～しないとね

1 そこで歌を歌わないとね。
⇒ ______ have to sing something there.

2 もう一度試してみないとね。
⇒ ______ try again.

3 クロエに直接聞かないとね。
⇒ ______ Chloe yourself.

4 タクシーに乗らないとね。
⇒ ______ . (take a cab)

5 そこに行くには2回乗り換えないとね。
⇒ ______ two transfers ______ (make / get)

pattern 135 You might have to... ～しないといけないかもしれないよ

1 デイジーに手伝ってもらわないといけないかもしれないよ。
⇒ ______ have to ask Daisy for help.

2 ペイパルアカウントを作らないといけないかもしれないよ。
⇒ ______ create a PayPal account.

3 そこまで歩かないといけないかもしれないよ。
⇒ ______ there.

4 彼の提案に同意しないといけないかもしれないよ。
⇒ ______ . (agree to / proposal)

5 そのことはボブに聞いてみないといけないかもしれないよ。
⇒ ______ .

Answer

133 1. You don't 2. You don't have to 3. You don't have to go 4. You don't have to go there on purpose 5. You don't have to make a reservation **134** 1. You'll 2. You'll have to 3. You'll have to ask 4. You'll have to take a cab 5. You'll have to make / to get there **135** 1. You might 2. You might have to 3. You might have to walk 4. You might have to agree to his proposal 5. You might have to ask Bob about that

Audio pattern 246

pattern136 I'm supposed to... ～することになっている

1 ジェニーに4時に電話することになっている。
⇒I'm ______ call Jenny at 4.

2 今日の午後、お客さんと会うことになっている。
⇒ I'm ______ a client this afternoon.

3 3時前に洗濯物を取りにいくことになっている。
⇒ ______ the laundry before 3.

4 8時に彼女を迎えにいくことになっている。
⇒ ______. (pick... up)

5 10時にそこに行くことになっている。
⇒ ______. (be there)

pattern 137 There's no need to... ～すること（必要）はない

1 そんなことでそこまで傲慢になることはない。
⇒ ______ need to be so cocky about it.

2 そんなことでそこまで怒ることはない。
⇒ There's ______ get so angry about it.

3 パニックになることはない。
⇒ ______ panic.

4 興奮することはない。
⇒ ______. (freak out)

5 恥ずかしがることはない。
⇒ ______. (be embarrassed)

pattern 138 I'm sure of[about]... ～を確信する

1 内定はまちがいないよ！
⇒ ______ about my decision.

2 合格すると確信している。
⇒ I'm ______ passing.

3 私がコンテストで優勝することを確信している。
⇒ ______ winning the contest.

4 私もそれについては確信が持てない。
⇒ ______. (either)

5 私の言っていることはまちがいない。
⇒ ______. (say)

Answer

136 1. supposed to 2. supposed to meet 3. I'm supposed to pick up 4. I'm supposed to pick her up at 8 5. I'm supposed to be there at 10 137 1. There's no 2. no need to 3. There's no need to 4. There's no need to freak out 5. There's no need to be embarrassed 138 1. I'm sure 2. sure of 3. I'm sure of 4. I'm not sure about that either 5. I'm sure of what I'm saying

Audio pattern 247

pattern 139 I'm sure (that)... ～だと確信する／きっと～だと思う

1 きっと両親はきみを誇りに思っていると思う。
⇒ I'm ________ that your parents will be proud of you.

2 きっと彼女は私を嘲笑していると思う。
⇒ ________ she was mocking me.

3 きっとあなたはうまくやれると思う。
⇒ ________ you'll do a great job.

4 きっとあなたは新しい友達がたくさんできると思う。
⇒ ________________ soon. (will / make friends / a lot of)

5 きっと彼が理解してくれると思う。
⇒ ________________________ . (will / understand)

pattern140 Are you sure (that)...? 本当に～なの?

1 本当にゲームやったことないの?
⇒ ________ sure that you've never played this game before?

2 本当にきみの電話には問題がなかったの?
⇒ ________ nothing ________ with your phone? (wrong)

3 本当にきみはこれに対処できるの?
⇒ ________ you can ________ this? (handle)

4 本当にきみは行きたくないの?
⇒ ________________________ ?

5 本当にこのアカウントを削除したいの?
⇒ ________________ account? (delete)

pattern 141 I'm not sure...? ～なのかわからない／～なのか確信できない

1 どうしたらいいのかわからない。
⇒ I'm ________ what I should do.

2 今回はもっと良い点数が取れるかどうかわからない。
⇒ ____________ I'll get a better grade this time.

3 どこから始めればいいのかわからない。
⇒ ________________ to start.

4 時間が取れるかどうかわからない。
⇒ ________________ the time. (if / spare)

5 自分がちゃんとやっているのかわからない。
⇒ ________________________ . (whether / do... right)

Answer

139 1. sure 2. I'm sure (that) 3. I'm sure (that) 4. I'm sure (that) you'll make a lot of new friends 5. I'm sure (that) he'll understand 140 1. Are you 2. Are you sure (that) / was wrong 3. Are you sure (that) / handle 4. Are you sure (that) you don't want to go 5. Are you sure (that) you want to delete this 141 1. not sure 2. I'm not sure (that) 3. I'm not sure where 4. I'm not sure if I can spare 5. I'm not sure whether I'm doing this right

Audio pattern 248

pattern142 Make sure to[that] ... ちゃんと～してね

1 出かけるときはちゃんと電気を消してね。
⇒ ______ sure that you turn off the lights when you go out.

2 今夜はちゃんと私に電話してね。
⇒ ______ to give me a call tonight.

3 ちゃんと日焼け止めを塗ってね。
⇒ ______ sunscreen.

4 ちゃんと十分な睡眠をとってね。
⇒ ______ . (get a good night's sleep)

5 ちゃんと彼を7時に起こしてね。
⇒ ______ at 7. (wake... up)

pattern143 There's no doubt about[that] ... ～はまちがいない

1 彼の無実には疑いの余地はない。
⇒There's ______ about his innocence.

2 アリソンがこの分野で最高であることはまちがいない。
⇒ ______ that Allison is the best in the field.

3 彼が天才であることはまちがいない。
⇒ ______ that ______ .

4 彼が関与していることはまちがいない。
⇒ ______ . (be involved)

5 ケイラがそれをやったことはまちがいない。
⇒ ______ .

pattern 144 It's likely (that)... ～のようだ

1 ジョシュアは運転免許試験に落ちそうだ。
⇒ It's ______ Joshua will fail the driving test.

2 彼が私の名前を忘れたようだ。
⇒ ______ that he forgot my name.

3 明日は雨が降るようだ。
⇒ ______ it'll rain ______ .

4 彼女は来ないようだ。
⇒ ______ . (will / show up)

5 この夏はとても暑いようだ。
⇒ ______ . (will / very / hot)

Answer

142 1. Make 2. Make sure 3. Make sure to wear 4. Make sure (that) you get a good night's sleep 5. Make sure to wake him up **143** 1. no doubt 2. There's no doubt 3. There's no doubt / he's a genius 4. There's no doubt (that) he's involved 5. There's no doubt (that) Kayla did it **144** 1. likely (that) 2. It's likely 3. It's likely (that) / tomorrow 4. It's likely (that) she will not show up 5. It's likely (that) this summer will be very hot

Audio pattern 249

pattern 145 I want to[wanna]... ～したい

1 私、映画が見たい。
⇒ I ________ watch this movie.

2 あなたと一緒にいたい。
⇒ ________ be with you.

3 ローンを申し込みたい。
⇒ ________ apply for a ________ .

4 息子のロールモデルになりたい。
⇒ ________________ . (role model)

5 20分休憩したい。
⇒ ________________ 20 minutes. (take a break)

pattern 146 I want you to... きみに～してもらいたい

1 きみの率直な意見を教えてもらいたい。
⇒ ________ you to give me your honest opinion.

2 ジャンクフードは避けてもらいたい。
⇒ ________ stay away from junk food.

3 ちょっと考えてみてもらいたい。
⇒ ________________ for a moment.

4 今すぐ部屋を掃除してもらいたい。
⇒ ________________ this instant. (clean up)

5 私のランチの約束をキャンセルしてもらいたい。
⇒ ________________ . (cancel / lunch)

pattern 147 I just wanted to... ただ～したかっただけだ

1 ただどうしてるか知りたかっただけだ。
⇒ I just ________ see how you're doing.

2 ただすぐ家に帰りたかっただけだ。
⇒ ________ go straight home.

3 ただきみたちに感謝の言葉を言いたかっただけだ。
⇒ ________________ thank you to you guys.

4 ただ上位5位以内に入りたかっただけだ。
⇒ ________________ . (be in the top five)

5 ただ一人でいたかっただけだ。
⇒ ________________ . (alone)

Answer

145 1. want to[wanna] 2. I want to[wanna] 3. I want to[wanna] / loan 4. I wanna[want to] be a role model for my son 5. I wanna[want to] take a break for **146** 1. I want 2. I want you to 3. I want you to think about it 4. I want you to clean up this room 5. I want you to cancel my lunch **147** 1. wanted to 2. I just wanted to 3. I just wanted to say 4. I just wanted to be in the top five 5. I just wanted to be alone

Audio pattern 250

pattern 148 Do you want to[wanna]...? ～したい?／～する?

1 私たちと一緒に映画を見に行きたい?
⇒ ________ want to go to the movies with us?

2 昨日何があったか知りたい?
⇒ ________ what happened yesterday?

3 それをあなたの目で直接見たい?
⇒ ________ it with your own eyes?

4 私たちと一緒に行きたい?
⇒ ________. (come along with)

5 昼食後にコーヒーを飲みたい?
⇒ ________ some coffee ________? (have)

pattern 149 Do you want me to...? ～してもらいたい?

1 きみの代わりに彼女と話をしてもらいたい?
⇒ ________ want me to talk to her for you?

2 私の友人を紹介してもらいたい?
⇒ ________ to set you up with my friend?

3 家まで車で送ってもらいたい?
⇒ ________ you home? (drive... home)

4 来てもらいたい?
⇒ ________? (come over)

5 何か買ってもらいたい?
⇒ ________? (get)

pattern 150 Don't you want to[wanna]...? ～したくない?

1 彼氏を作りたくない?
⇒ ________ you ________ have a boyfriend?

2 SUV車を運転したくない?
⇒ ________ drive an SUV?

3 彼についてもっと知りたくない?
⇒ ________ more about him?

4 あなたは結婚したくない?
⇒ ________? (get married)

5 誰がやったのか知りたくない?
⇒ ________?

Answer

148 1. Do you 2. Do you wanna[want to] know 3. Do you want to[wanna] see 4. Do you wanna[want to] come along with us 5. Do you wanna[want to] have / after lunch 149 1. Do you 2. Do you want me 3. Do you want me to drive 4. Do you want me to come over 5. Do you want me to get you something 150 1. Don't / want to[wanna] 2. Don't you want to[wanna] 3. Don't you wanna[want to] know 4. Don't you wanna[want to] get married 5. Don't you wanna[want to] know who did it

Audio pattern 251

pattern 151 What do you want to[wanna] ...? 何を〜したい?

1 きみは何を専攻したい?
⇨ ________ do you want to major in?

2 卒業後は何をしたい?
⇨ ________ do after you graduate?

3 お昼は何を食べたい?
⇨ ________ have ________ ?

4 彼について何を知りたい?
⇨ ________ ?

5 私に何を聞きたい?
⇨ ________ about? (ask)

pattern 152 You don't want to[wanna] ... 〜しないほうがいい

1 彼女にそんなこと言わないほうがいい。
⇨ You don't ________ say that to her.

2 この機会を逃さないほうがいい。
⇨ ________ miss this opportunity.

3 あまり懐疑的でないほうがいい。
⇨ ________ too skeptical.

4 初デートから遅れないほうがいい。
⇨ ________ your first date. (be late / on)

5 違法なことはしないほうがいい。
⇨ ________ . (anything / illegal)

pattern 153 Thank you for... 〜してくれてありがとう

1 みなさまのご尽力に感謝します。
⇨ ________ you for your hard work.

2 時間を割いてくれてありがとう。
⇨ ________ your time.

3 これを私と共有してくれてありがとう。
⇨ ________ this with me.

4 私の話を最後まで聞いてくれてありがとう。
⇨ ________ . (hear... out)

5 おもてなししてくれてありがとう。
⇨ ________ . (hospitality)

Answer

151 1. What 2. What do you want to[wanna] 3. What do you wanna[want to] / for lunch 4. What do you wanna[want to] know about him 5. What do you want to[wanna] ask me **152** 1. want to[wanna] 2. You don't wanna[want to] 3. You don't want to[wanna] be 4. You don't wanna[want to] be late on 5. You don't want to[wanna] do anything illegal **153** 1. Thank 2. Thank you for 3. Thank you for sharing 4. Thank you for hearing me out 5. Thank you for your hospitality

Audio pattern 252

pattern 154 I'd appreciate it if...　～していただけるとありがたいのですが

1 手伝っていただけるとありがたいのですが。
⇒ ______ it if you could help me.

2 締め切りを遅らせていただけるとありがたいのですが。
⇒ ______ you could postpone the deadline.

3 彼女にこの仕事のことを話さないでいただけるとありがたいのですが。
⇒ ______ you wouldn't tell her about this.

4 私に恩着せがましく言わないでいただけるとありがたいのですが。
⇒ ______ .　(patronize)

5 これについてもう一度考えてくださるとありがたいのですが。
⇒ ______ .　(could / think about)

pattern 155 It's very nice of you to...　～してくれて本当にありがとう

1 私を待ってくれて本当にありがとう。
⇒ It's very ______ to wait for me.

2 妹の家庭教師をしてくれて本当にありがとう。
⇒ ______ to tutor my sister.

3 こんなところまで来てくれて本当にありがとう。
⇒ ______ to ______ .　(stop by)

4 家まで送ってくれて本当にありがとう。
⇒ ______ .　(walk... home)

5 私の謝罪を受け入れてくれて本当にありがとう。
⇒ ______ .　(accept / apology)

pattern 156 I'm sorry for...　～に対してごめん／～してごめん

1 時間を奪いすぎてごめん。
⇒ I'm ______ taking too much of your time.

2 傍にいれなくてごめん。
⇒ ______ not being there for you.

3 返事が遅れてごめん。
⇒ ______ my late reply.

4 迷惑をかけてごめん。
⇒ ______ .　(cause / trouble)

5 お邪魔してごめん。
⇒ ______ .　(interrupt)

Answer

154 1. I'd appreciate 2. I'd appreciate it if 3. I'd appreciate it if 4. I'd appreciate it if you didn't patronize me 5. I'd appreciate it if you could think about this again **155** 1. nice of you 2. It's very nice of you 3. It's very nice of you / stop by 4. It's very nice of you to walk me home 5. It's very nice of you to accept my apology **156** 1. sorry for 2. I'm sorry for 3. I'm sorry for 4. I'm sorry for causing you trouble 5. I'm sorry for interrupting

Audio pattern 253

pattern 157 I feel bad about... ～して申し訳ない／～して悪いと思う

1 パーティに行けなくて申し訳ない。
⇒ ________ bad about missing your party.

2 ケイデンに悪いこと言っちゃったな。
⇒ ________________ what I said to Caden.

3 直前にキャンセルして申し訳ない。
⇒ ________________ at the last minute. (cancel)

4 きみに怒ってしまって申し訳ない。
⇒ ________________________________. (get mad at)

5 アヴァに嘘をついて悪いと思っている。
⇒ ________________________ to Ava. (lie)

pattern 158 I'm sorry to ～してすまないと思う／～して気の毒に思う

1 こんな時間に電話してごめんね。
⇒ ________ sorry to call at this hour.

2 こんな風に割り込んでごめんね。
⇒ ________________ cut in like this.

3 こんなに早く電話してごめんね。
⇒ ________________________ so early.

4 お邪魔してごめんね。
⇒ ________________________________. (bother)

5 失望させてごめんね。
⇒ ________________________________. (disappoint)

pattern 159 I'm sorry (that) I can't... ～できなくてごめん

1 約束が守れなくてごめん。
⇒ ____________ that I can't keep my promise.

2 今夜は残業ができなくてごめん。
⇒ ________________ overtime tonight.

3 きみの助けになれなくてごめん。
⇒ ________________ be of much help ____________.

4 もっと良い答えが出来なくてごめん。
⇒ ________________________ a better answer. (give... an answer)

5 今晩会えなくてごめん。
⇒ ________________________________. (see)

Answer

157 1. I feel 2. I feel bad about 3. I feel bad about cancelling 4. I feel bad about getting mad at you 5. I feel bad about lying 158 1. I'm 2. I'm sorry to 3. I'm sorry to call you 4. I'm sorry to bother you 5. I'm sorry to disappoint you 159 1. I'm sorry 2. I'm sorry (that) I can't work 3. I'm sorry (that) I can't / to you 4. I'm sorry (that) I can't give you 5. I'm sorry (that) I can't see you tonight

Audio pattern 254

pattern 160 I like... ～(するの)が好きだ

1 ジョアンヌと一緒に働くのが好きだ。
⇒ ________ working with Joanne.

2 田舎に住むのが好きだ。
⇒ ________ in the country.

3 父親と話すのが好きだ。
⇒ ________ my dad.

4 週末は遅くまで寝るのが好きだ。
⇒ ________ . (sleep in / on weekends)

5 野球観戦が好きだ。
⇒ ________ baseball games.

pattern 161 I don't like... ～(するの)が好きじゃない

1 電話するのが好きじゃない。
⇒ ________ to talk on the phone.

2 あまりに深刻な人たちと一緒にいるのが好きじゃない。
⇒ ________ with people who are too serious.

3 同じことを二度言うのが好きじゃない。
⇒ ________ things twice.

4 洗濯するのが好きじゃない。
⇒ ________ . (do the laundry)

5 指図されるのが好きじゃない。
⇒ ________ what to do. (be told)

pattern 162 I love... ～(するの)が大好きだ

1 子どもたちと一緒にいるのが大好きだ。
⇒ ________ being around children.

2 ビデオゲームをするのが大好きだ。
⇒ ________ video games.

3 スポットライトを浴びるのが大好きだ。
⇒ ________ being in the ________ . (be in the spotlight)

4 雪の中を歩くのが大好きだ。
⇒ ________ . (walk in the snow)

5 SF映画を見るのが大好きだ。
⇒ ________ . (sci-fi movie)

Answer

160 1. I like 2. I like living[to live] 3. I like talking[to talk] with 4. I like to sleep[sleeping] in on weekends 5. I like to watch[watching] 161 1. I don't like 2. I don't like being[to be] 3. I don't like to say[saying] 4. I don't like doing[to do] the laundry 5. I don't like being[to be] told 162 1. I love 2. I love to play[playing] 3. I love / spotlight 4. I love walking[to walk] in the snow 5. I love to watch[watching] sci-fi movies

Audio pattern 255

pattern 163 I love it when... ～するときが大好きだ

1 きみがそんな風に笑うときが大好きだ。
⇒I ______ it ______ you laugh like that.

2 クレアがこの歌を歌うときが大好きだ。
⇒ ______ Claire sings this song.

3 彼女がその言葉を言うときが大好きだ。
⇒ ______ she says that.

4 きみがここにいるときが大好きだ。
⇒ ______ . (be here)

5 きみがこのジャケットを着るときが大好きだ。
⇒ ______ . (wear / jacket)

pattern 164 I hate it when... ～するときがイヤだ

1 きみがあーだこーだ言うときがイヤだ。
⇒I ______ it ______ you boss me around.

2 彼女がキレるときがイヤだ。
⇒ ______ you lose your temper.

3 彼女が僕に怒鳴るのがイヤだ。
⇒ ______ she yells ______ .

4 きみが私に隠し事をするのがイヤだ。
⇒ ______ from me. (hide things)

5 彼が私をそんな目で見るのがイヤだ。
⇒ ______ like that. (look at)

pattern 165 I don't care (about)... ～は気にしない

1 彼女がどう思おうと気にしない。
⇒I ______ what he thinks.

2 彼女がどんな顔をしていても気にしない。
⇒ ______ how she ______ .

3 きみが賢いかどうかなんて気にしない。
⇒ ______ how smart ______ .

4 息子であろうと娘であろうと気にしない。
⇒ ______ . (if / it's / boy / girl)

5 あなたがお金を持っているかどうかなんて気にしない。
⇒ ______ .

Answer

163 1. love / when 2. I love it when 3. I love it when 4. I love it when you're here 5. I love it when you wear this jacket 164 1. hate / when 2. I hate it when 3. I hate it when / at me 4. I hate it when you hide things 5. I hate it when he looks at me 165 1. don't care 2. I don't care / looks 3. I don't care / you are 4. I don't care if it's a boy or a girl 5. I don't care about your money

Audio pattern 256

pattern 166 Are you interested in...? ～に興味ある？／～する気はある？

1 この仕事に興味ある？
⇒ ________ you ________ in this job?

2 ヘビーメタル音楽に興味ある？
⇒ ________________ heavy metal music?.

3 きみの車を私に売る気はある？
⇒ ________________ me your car?

4 この漫画を読む気がある？
⇒ ________________ comic book?

5 私たちと一緒に働く気はある？
⇒ ________________________?

pattern 167 I'm not interested in... ～に興味はない／～する気はない

1 彼が望むものには興味はない。
⇒ I'm ________________ in what he wants.

2 サッカーに興味はない。
⇒ ________________ soccer.

3 ブランド物に興味はない。
⇒ ________________ brand-name products.

4 きみとビジネスする気はない。
⇒ ________________ with you. (do business)

5 私は今、男には興味はない。
⇒ ________________________. (men / right now)

pattern 168 I've always p.p. ずっと～だった

1 ずっと昔からスペインに行きたかったの。
⇒ ________ always wanted to go to Spain.

2 ずっと客室乗務員になることを夢見ていたの。
⇒ ________________ of being a flight attendant.

3 ずっと背が高いといいなと思っていたの。
⇒ ________________ I were taller. (wish)

4 ずっとポジティブな思考を持つように心がけてきたんだ。
⇒ ________________________. (try / keep / positive / mind)

5 ずっとキャロラインが好きだったんだ。
⇒ ________________ Caroline. (have a thing for)

Answer

166 1. Are / interested 2. Are you interested in 3. Are you interested in selling 4. Are you interested in reading this 5. Are you interested in working with us **167** 1. not interested 2. I'm not interested in 3. I'm not interested in 4. I'm not interested in doing business 5. I'm not interested in men right now **168** 1. I've 2. I've always dreamed 3. I've always wished 4. I've always tried to keep a positive mind 5. I've always had a thing for

Audio pattern 257

pattern 169 I've never p.p. ～したことがない

1 彼に直接会ったことがない。
⇒ ______ met him in person.

2 そんなものを食べたことがない。
⇒ ______ something like this before. (eat)

3 そんなこと聞いたことがない。
⇒ ______ of it.

4 難しい仕事をしたことがない。
⇒ ______ . (do this kind of thing)

5 誰にもこの話をしたことがない。
⇒ ______ . (say / anyone)

pattern 170 I've never been (to)... ～には行ったことがない

1 パリには行ったことがない。
⇒ ______ been to Paris.

2 遊園地には行ったことがない。
⇒ ______ an amusement park.

3 前にここに来たことがない。
⇒ ______ before.

4 ヌードビーチには行ったことがない。
⇒ ______ . (nude beach)

5 アフリカには行ったことがない。
⇒ ______ .

pattern 171 I've been ...ing ずっと～している

1 ここに10年住み続けている。
⇒ I've ______ here for 10 years.

2 きみを2時間待ち続けている。
⇒ ______ waiting for you for 2 hours.

3 最近ずっと気分がちょっと落ち込んでいる。
⇒ ______ a little blue lately. (feel)

4 1ヶ月間ずっとそれを楽しみにしている。
⇒ ______ all month. (look forward to)

5 ここで8年間働いている。
⇒ ______ 8 years.

Answer

169 1. I've never 2. I've never eaten 3. I've never heard 4. I've never done this kind of thing 5. I've never said this to anyone 170 1. I've never 2. I've never been to 3. I've never been here 4. I've never been to a nude beach 5. I've never been to Africa 171 1. been living 2. I've been 3. I've been feeling 4. I've been looking forward to it 5. I've been working here for

Audio pattern 258

pattern 172 Have you ever p.p.? ～したことある?

1 こんなの見たことある?
⇒ ________ ever ________ anything like this before?

2 ボランティアをしたことある?
⇒ ________________ any volunteer work?

3 IQテストを受けたことある?
⇒ ________________ an IQ test? (take a test)

4 タトゥーを入れようと思ったことある?
⇒ ________________ a tattoo? (think about / get)

5 パジャマ・パーティーをしたことある?
⇒ ________________? (have / pajama party)

pattern 173 Haven't you p.p.? ～してないの?／～したことがないの?

1 まだ彼女にメールしてないの?
⇒ ________ you texted him yet?

2 まだ決めてないの?
⇒ ________ made up your mind ________ ?

3 聞いてないの?
⇒ ________________ ?

4 前にこれを見たことがないの?
⇒ ________________ this before?

5 何か変わったことに気づいてないの?
⇒ ________________? (notice / different)

pattern 174 That was+最上級+(that) I've ever p.p. これまで～した中で最も…だった

1 これまで読んだ中で最も感動した小説だった。
⇒ That was ________ touching novel ________ .

2 これまで受けた中で最高の賞賛だった。
⇒ That was ________ compliment ________ . (receive)

3 これまで経験した中で最悪の仕事だった。
⇒ ________________ job ________ .

4 これまで長い間見た中で最高のホラー映画だった。
⇒ ________________ in a long time. (horror movie / see)

5 これまでの私の人生で最悪の失敗だった。
⇒ ________________ . (worst / in my life)

Answer

172 1. Have you / seen 2. Have you ever done 3. Have you ever taken 4. Have you ever thought about getting 5. Have you ever had a pajama party **173** 1. Haven't 2. Haven't you / yet 3. Haven't you heard 4. Haven't you seen 5. Haven't you noticed something different **174** 1. the most / (that) I've ever read 2. the best / (that) I've ever received 3. That was the worst / (that) I've ever had 4. That was the best horror movie (that) I've ever seen 5. That was the worst mistake (that) I've ever made in my life

Audio pattern 259

pattern 175 I should have p.p. ～すべきだった／～すればよかった

1 思慮深くあるべきだった。
⇒ I ______ been thoughtful.

2 10分早く始めるべきだった。
⇒ ______ 10 minutes earlier.

3 彼に最初に電話するべきだった。
⇒ ______ first.

4 自分でやるべきだった。
⇒ ______ . (do it oneself)

5 きみのアドバイスに従うべきだった。
⇒ ______ . (follow / advice)

pattern 176 You should have p.p. きみは～すべきだったのに／～すればよかったのに

1 きみは私に正直になるべきだったのに。
⇒ You ______ honest with me.

2 最初にそう言ってくれればよかったのに。
⇒ You ______ that in the first place. (tell)

3 その時すぐに謝るべきだったのに。
⇒ ______ right away. (apologize)

4 最初に私のところに来るべきだったのに。
⇒ ______ . (first)

5 私に全部話せばよかったのに。
⇒ ______ . (tell)

pattern 177 I shouldn't have p.p. ～するんじゃなかった

1 そんなこと言うんじゃなかった。
⇒ I ______ brought it up.

2 アンディの味方になるんじゃなかった。
⇒ I ______ Andy's side. (take one's side)

3 そんなにお酒を飲むんじゃなかった。
⇒ ______ that much.

4 それを買うんじゃなかった。
⇒ ______ .

5 彼に怒りをぶつけるんじゃなかった。
⇒ ______ . (take it out on)

Answer

175 1. should have 2. I should have started 3. I should have called him 4. I should have done it myself 5. I should have followed your advice 176 1. should have been 2. should have told me 3. You should have apologized 4. You should have come to me first 5. You should have just told me everything 177 1. shouldn't have 2. shouldn't have taken 3. I shouldn't have drunk 4. I shouldn't have bought it 5. I shouldn't have taken it out on him

Audio pattern 260

pattern 178 You shouldn't have p.p. きみは～するべきじゃなかったのに

1 きみはそんな風に振る舞うべきじゃなかったのに。
⇒ ________ have behaved that way.

2 きみは奥さんと離婚するべきじゃなかったのに。
⇒ ________________ divorced your wife.

3 きみはディーンの彼女に執着するべきじゃなかったのに。
⇒ ________________ hit on Dean's girlfriend.

4 きみはそもそもここに来るべきじゃなかったのに。
⇒ ____________________ to begin with.

5 きみはそんなに多くの敵を作るべきじゃなかったのに。
⇒ ______________________________. (make / enemy)

pattern 179 You must have p.p. きみは～したにちがいない

1 きみは彼女に嘘をついたにちがいない。
⇒ ________ have lied to her.

2 きみはきっとその話を聞いて傷ついたにちがいない。
⇒ ________________ upset to hear that.

3 きみはとても恥ずかしかったにちがいない。
⇒ ________________ very embarrassed. (feel)

4 きみはそこでとても楽しい時間を過ごしたにちがいない。
⇒ ____________________ there. (have a great time)

5 きみは私の話を聞き間違えたにちがいない。
⇒ ______________________________. (hear... wrong)

pattern180 I might have p.p. ～したかもしれない

1 彼を兄と間違えたかもしれない。
⇒ ______ have taken him for his brother.

2 彼を怒らせたかもしれない。
⇒ __________ offended him.

3 飛行機に乗り遅れたかもしれない。
⇒ ____________________ my flight. (miss)

4 違った行動を取ったかもしれない。
⇒ ______________________________. (behave differently)

5 そう言ったかもしれない。
⇒ ______________________________. (say that)

Answer

178 1. You shouldn't 2. You shouldn't have 3. You shouldn't have 4. You shouldn't have come here 5. You shouldn't have made so many enemies **179** 1. You must 2. You must have been 3. You must have felt 4. You must have had a great time 5. You must have heard me wrong **180** 1. I might 2. I might have 3. I might have missed 4. I might have behaved differently 5. I might have said that

Audio pattern 261

pattern 181 Let me... ～させて

1 この部分だけ終わらせて。
⇨ ________ just ________ this part.

2 私も同行させて。
⇨ ________ come with you.

3 ちょっと考えさせて。
⇨ ________ for a moment.

4 いくつか具体的な質問をさせて。
⇨ ________ . (ask / specific)

5 もう一度やらせて。
⇨ ________ . (try)

pattern 182 Let's not... ～はやめよう

1 小細工はやめよう。
⇨ ________ be petty.

2 これ以上くだらないことを言うのはやめよう。
⇨ ________ drag this out ________ . (any longer)

3 要点を逸脱するのはやめよう。
⇨ ________ get off the point.

4 居酒屋に行くのはやめよう。
⇨ ________ . (pub)

5 雰囲気に流されるのはやめよう。
⇨ ________ . (get carried away)

pattern 183 Let me know... ～を教えて

1 できるだけ早く教えて。
⇨ ________ as soon as possible.

2 何か私にできることがあれば教えて。
⇨ ________ if there's anything ________ .

3 結果を教えて。
⇨ ________ the result.

4 どうなっているのかを教えて。
⇨ ________ . (how it goes)

5 どこで降りるべきかを教えて。
⇨ ________ . (get off)

Answer

181 1. Let me / finish 2. Let me 3. Let me think 4. Let me ask you some specific questions 5. Let me try it again 182 1. Let's not 2. Let's not / any longer 3. Let's not 4. Let's not go to the pub 5. Let's not get carried away 183 1. Let me know 2. Let me know / I can do 3. Let me know 4. Let me know how it goes 5. Let me know where to get off

Audio pattern 262

pattern 184 Let me see if... ～なのか確認してみる／～か見てみる

1 ちゃんと理解できたか確認してみる。
⇒ ______ me see ______ I got this straight.

2 メールが来てないか確認してみる。
⇒ ______ I've got any e-mails.

3 彼がまだそこにいるか確認してみる。
⇒ ______ he's still there.

4 きみの言葉を正確に理解しているのか確認してみる。
⇒ ______ . (understand / correctly)

5 きみが答えを当てたかどうか確認してみる。
⇒ ______ right. (get... right)

pattern 185 I'll let you know... ～を知らせる

1 準備ができたら知らせるよ。
⇒ I'll ______ when I'm ready.

2 問題が何なのかを知らせるよ。
⇒ ______ what your problem is.

3 何か思いついたら知らせるよ。
⇒ ______ when I think of something.

4 金曜日までに結果を知らせるよ。
⇒ ______ by Friday. (outcome)

5 きみが必要な場合は知らせるよ。
⇒ ______ . (when)

pattern 186 Let's see... ～なのか見てみよう

1 きみが今回の試験でどれだけうまくやれるか見てみよう。
⇒ ______ see how well you do on this test.

2 キャシーがこれについて何を言うか見てみよう。
⇒ ______ what Cathy has to say ______ .

3 残りがあるかどうか見てみよう。
⇒ ______ there's some left.

4 グレースが私たちと一緒に来たいかどうか見てみよう。
⇒ ______ if Grace ______ . (come)

5 他に何かあるか見てみよう。
⇒ ______ . (what else / we've got)

Answer

184 1. Let / if 2. Let me see if 3. Let me see if 4. Let me see if I understand you correctly 5. Let me see if you got the answer **185** 1. let you know 2. I'll let you know 3. I'll let you know 4. I'll let you know the outcome 5. I'll let you know when I need you **186** 1. Let's 2. Let's see / about this 3. Let's see if 4. Let's see / wants to come with us 5. Let's see what else we've got

Audio pattern 263

pattern 187 I meant to... ～するつもりだった

1 きみに先に聞くつもりだった。
⇒ I ________ ask you first.

2 今朝早く起きるつもりだった。
⇒ I ________ early this morning.

3 もっと早く帰るつもりだった。
⇒ ________ sooner.

4 今日早く帰るつもりだった。
⇒ ________ early today. (get off work)

5 きみのことが好きだって言うつもりだった。
⇒ ________. (say)

pattern 188 I didn't mean to... ～するつもりはなかった

1 邪魔するつもりはなかった。
⇒ I didn't ________ interrupt.

2 きみの足を踏むつもりはなかった。
⇒ ________ step on your toes.

3 きみに迷惑をかけるつもりはなかった。
⇒ ________ cause you any trouble.

4 そう言うつもりはなかった。
⇒ ________. (say that)

5 きみに嘘をつくつもりはなかった。
⇒ ________.

pattern 189 Do you mean to...? ～するつもり?／～しようとしてるの?

1 彼を立たせるつもり?
⇒ ________ mean to just stand him up?

2 私を脅迫するつもり?
⇒ ________ threaten me?

3 私が嘘をついていると言っているつもり?
⇒ ________ I'm lying?

4 私を挑発するつもり?
⇒ ________? (provoke)

5 告白するつもり?
⇒ ________? (confess)

Answer

187 1. meant to 2. meant to get up 3. I meant to come back 4. I meant to get off work 5. I meant to say I like you 188 1. mean to 2. I didn't mean to 3. I didn't mean to 4. I didn't mean to say that 5. I didn't mean to lie to you 189 1. Do you 2. Do you mean to 3. Do you mean to say 4. Do you mean to provoke me 5. Do you mean to confess

Audio pattern 264

pattern 190 Do you mean (that) ...? ～ということ?

1 イアンを捨てるってこと?
⇒ Do you ______ that you're gonna dump Ian?

2 結婚したくないってこと?
⇒ ______ you don't want to get married?

3 私がバカってこと?
⇒ ______ that ______ ? (stupid)

4 私たちの関係を終わらせようってこと?
⇒ ______ ? (end / relationship)

5 きみはそこに行かなかったってこと?
⇒ ______ ?

pattern 191 What do you mean (that)...? ～ってどういうこと?

1 うまくいかないってどういうこと?
⇒ ______ do you mean it's not working?

2 私がそれをすべきでなかったってどういうこと?
⇒ ______ I shouldn't have done it?

3 私が負け犬ってどういうこと?
⇒ ______ I'm a loser?

4 それが消えたってどういうこと?
⇒ ______ . (be gone)

5 それが私のせいってどういうこと?
⇒ ______ . (fault)

pattern 192 I mean, ... つまり～／いや、だから～

1 つまり、いいんだけど、もっと良くなると思うんだ。
⇒ ______, it's good, but it could be better.

2 つまり、ありがたいけどちょっと考えてみるよ。
⇒ ______, thanks, but I have to give it some thought.

3 つまり、私たち正直になろうよ。
⇒ ______, let's be ______ .

4 つまり、あいつはちょっと気取ってるんだよ。
⇒ ______ . (a bit / pretentious)

5 つまり、あいつはきっと虚勢を張ってるんだよ。
⇒ ______ . (have got to be -ing / bluff)

Answer

190 1. mean 2. Do you mean (that) 3. Do you mean / I'm stupid 4. Do you mean (that) we should end our relationship 5. Do you mean (that) you didn't go there 191 1. What 2. What do you mean (that) 3. What do you mean (that) 4. What do you mean (that) it's gone 5. What do you mean (that) it's my fault 192 1. I mean 2. I mean 3. I mean / honest 4. I mean, he is a bit pretentious 5. I mean, he has gotta be bluffing

Audio pattern 265

pattern 193 I'm used to... ～には慣れている

1 独身には慣れている。
⇒ I'm ________ being by myself.

2 女に無視されることには慣れている。
⇒ ________ girls ignoring me.

3 あなたのような人には慣れている。
⇒ ________ people ________ you.

4 長時間労働には慣れている。
⇒ ________________. (work long hours)

5 あーでもないこーでもないと文句を言われるのには慣れている。
⇒ ________________. (all kinds of complaint)

pattern 194 Do you mind if I...? ～してもいい?

1 きみの名前で呼んでもいい?
⇒ ________ if I call you by your first name?

2 これを受け取ってもいい?
⇒ ________ I take this?.

3 私も交ざってもいい?
⇒ ________ I join you?

4 理由を聞いてもいい?
⇒ ________________? (ask why)

5 休憩時間を取ってもいい?
⇒ ________________? (take a break)

pattern 195 I told you not to... ～するなって言ったのに

1 彼に何も言うなって言ったのに。
⇒ I ________ not to tell him anything.

2 元カノと会うなって言ったのに。
⇒ ________ see your ex-girlfriend.

3 彼を過小評価するなって言ったのに。
⇒ ________ him. (underestimate)

4 私に電話するなって言ったのに。
⇒ ________________.

5 飲酒運転するなって言ったのに。
⇒ ________________. (drink and drive)

Answer

193 1. used to 2. I'm used to 3. I'm used to / like 4. I'm used to working long hours 5. I'm used to all kinds of complaints 194 1. Do you mind 2. Do you mind if 3. Do you mind if 4. Do you mind if I ask why 5. Do you mind if I take a break 195 1. told you 2. I told you not to 3. I told you not to underestimate 4. I told you not to call me 5. I told you not to drink and drive

Audio pattern 266

pattern 196 I swear (that) I... 本当に～／誓って～

1 本当にもう二度と離れないよ。
⇒ I ＿＿＿＿ that I'll never leave you again.

2 本当に私は嘘をついていません。
⇒ I ＿＿＿＿ I'm ＿＿＿＿ .

3 本当に私が知っていることを全部話すよ。
⇒ ＿＿＿＿ I'll tell you ＿＿＿＿ .

4 本当に彼に復讐するよ。
⇒ ＿＿＿＿ . (pay... back)

5 本当にもう二度とそんなことは起きないよ。
⇒ ＿＿＿＿ again. (it / never / happen)

pattern 197 Now that... もう～だから

1 そう表現してもらったからあなたの言いたいことがわかった。
⇒ ＿＿＿＿ you put it that way, I see your point.

2 よく考えたらそれは結構いいアイデアだね。
⇒ ＿＿＿＿ I think about it, it's a pretty ＿＿＿＿ .

3 これで宿題が終わったから寝られるよ。
⇒ ＿＿＿＿ I'm done with my homework, I can go to bed.

4 よく考えたらそれってムカつくね。
⇒ ＿＿＿＿ I think about it, it ＿＿＿＿ . (make / mad)

5 終わったから安心したよ。
⇒ ＿＿＿＿, I'm ＿＿＿＿ . (be over / relieve)

pattern 198 I'd rather... (than...) ～なら…のほうがましだ

1 明日まで延期するくらいなら、今日やるほうがましだ。
⇒ ＿＿＿＿ do it today than put it off till tomorrow.

2 公共交通機関を利用するくらいなら、タクシーを利用するほうがましだ。
⇒ ＿＿＿＿ take a taxi ＿＿＿＿ take public transit.

3 それについては話さないほうがましだ。
⇒ ＿＿＿＿ about it.

4 外に出るくらいならなら、家にいるほうがましだ。
⇒ ＿＿＿＿ . (stay in / go out)

5 電話するくらいなら、メールするほうがましだ。
⇒ ＿＿＿＿ .

Answer

196 1. swear 2. swear (that) / not lying 3. I swear (that) / everything I know 4. I swear (that) I'll pay him back 5. I swear (that) it'll never happen **197** 1. Now that 2. Now that / good idea 3. Now that 4. Now that / makes me mad 5. Now that it's over / relieved **198** 1. I'd rather 2. I'd rather / than 3. I'd rather not talk 4. I'd rather stay in than go out 5. I'd rather e-mail than call

Audio pattern 267

pattern 199 Compared to[with]... ～に比べて

1 昨日に比べて今日はあまり寒くないね。
⇒ Compared ______ yesterday, it's not so cold today.

2 ビニール袋に比べてそれらは環境に優しいよ。
⇒ ______, they're eco-friendly. (plastic bag)

3 友達に比べて私はあまり身長が高くない。
⇒ ______, I'm not that tall.

4 兄に比べてルークは内向的だ。
⇒ ______. (introverted)

5 タイラーに比べて私は大したことないよ。
⇒ ______. (nothing)

pattern 200 The thing is... 問題は～／実は～

1 問題は彼はあなたのことが嫌いなんだ。
⇒ ______ is he doesn't like you back.

2 問題はその男が2人の女性を同時に愛したことだ。
⇒ ______ he was in love with two women ______. (at the same time)

3 問題は私がよくわからないことだ。
⇒ ______ I'm not really sure.

4 問題は私は彼らと違うことだ。
⇒ ______ I'm not ______. (be one of them)

5 問題は私にちょっと時間がないことだ。
⇒ ______. (be short on / a little)

Answer

199 1. to 2. Compared to plastic bags 3. Compared to my friends 4. Compared to his brother, Luke is introverted 5. Compared to Tylor, I'm nothing **200** 1. The thing 2. The thing is / at the same time 3. The thing is 4. The thing is / one of them 5. The thing is I'm a little short on time

【著者プロフィール】

イ・グァンス

ソウル大学英文学科で英語教育学を専攻した後、大手企業での社員英語教育および国際業務に従事。1996 年にカナダのトロントへ移住し、97 年から現地で「YOUNG 英語教室」を運営している。

イ・スギョン

小学校 5 年生の前期まで韓国で過ごし、1996 年、父とともにカナダのトロントへ移住。現地で 10 年以上にわたり、中学・高校に在学中の留学生たちに英文法と英語によるエッセイ・ライティングを教えている。また会員数が 4 万人を超える英語コミュニティの運営にもあたっている。

改訂版 英会話
超リアルパターン 500+

2013 年 12 月 10 日　初版第 1 刷発行
2020 年 12 月 10 日　初版第 12 刷発行
2023 年 11 月 10 日　改訂版第 1 刷発行

著者：イ・グァンス、イ・スギョン

日本語版翻訳・編集協力：ジョン・ユギョン、ソ・ヒョンミ
英文校正：イアン・マーティン
日本語版ナレーション：ジョシュ・ケラー、キャロリン・ミラー、水月優希
日本語版カバーデザイン：松本田鶴子
写真：iStock.com/NL shop

発行人：坂本由子
発行所：コスモピア株式会社
〒 151-0053　東京都渋谷区代々木 4-36-4 MC ビル 2F

営業部　TEL：03-5302-8378 / FAX：03-5302-8399
　　　　E メール：mas@cosmopier.com
編集部　TEL：03-5302-8379
　　　　E メール：editorial@cosmopier.com
　　　　https://www.cosmopier.com/　https://e-st.cosmopier.com

音声制作：株式会社メディアスタイリスト
印刷・製本：株式会社シナノ

本書は、韓国にて NEXUS 社より刊行された *English Pattern 500+* を、コスモピア株式会社が日本国内向けに、一部を修正・変更して刊行したものです。

English Pattern 500+ **by Lee Kwang Soo and Lee Su Kyung**

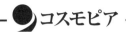

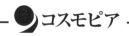